马克思主义新闻观核心概念丛书

丛书主编◎童兵 马凌

马克思主义新闻观核心概念

·舆论篇·

胡 栓◎著

复旦大学出版社

丛书序：切实加强对马克思主义新闻观研究的理论探索

童 兵

复旦大学新闻学院的马克思主义新闻观（简称马新观）教学与研究团队决定在马新观的理论探讨上下点功夫，联系自己的研究心得，撰写、编印一套"马克思主义新闻观核心概念丛书"，包括新闻篇、宣传篇、舆论篇和传播篇。

马新观是马克思主义经典作家关于新闻传播活动规律和新闻媒体运作机制论述的理论体系，它既是无产阶级和社会主义新闻舆论工作的灵魂，又是我们的指导思想与方法论原则。对于我们教学与研究团队来说，学习和把握马新观是用好马新观的前提。因此，团队的每个成员都从阅读马克思主义经典原著入手，扎扎实实、认认真真地学好马新观、用好马新观。

习近平同志指出，"坚持以马克思主义为指导，首先要解决真懂真信的问题"①。同理，学好、用好马新观，必须真信、真懂马新观。扎扎实实学习马新观一段时间之后，有了真切的体验，又在实际工作中有了自己切实的感受，就应该再加一把劲，把这些从阅读

---

① 中共中央文献研究室：《习近平关于社会主义文化建设论述摘编》，中央文献出版社2017年版，第77页。

和工作中得来的体验与感受总结出来,并力争提升到理论的高度。一方面,向人们展示学习、运用马新观的真实收获;另一方面,为人们指出学以致用的有效路径。我们撰写、编印这套丛书的目的和意义,就在这里。

实话说,并不是所有人对学习、运用马新观的重要作用和意义都有深刻认识。有人认为,构成马新观主体的虽然也有我们党的重要领导人,但它的奠基者和主要发展者还是马克思、恩格斯、列宁这些马克思主义早期奠基人和推动者。他们都是一百多年前的欧洲人,他们关于新闻舆论工作的论述,对位于世界东方的中国和一百多年后中国今天的新闻舆论工作,还能起到引领作用吗?还有人认为,在马克思、恩格斯、列宁的时代,主要的新闻媒体是报刊和少量的新闻通讯社。而今天,我们不仅有广泛的广播电视媒体,还有遍布城乡各地、走进千家万户的互联网新媒体。马克思主义先哲都没见过这些现代媒体,他们关于报刊工作的论述,能解决今天新媒体时代的问题吗?如果我们比较广泛和深入地阅读先辈们的新闻著述,就不难发现,马克思主义先辈们在研究和论述新闻传播工作的时候,主要着眼于对基本方针和基本规律的探索。这些曾经成功地引领并指导当时报刊工作的论述,由于处处蕴含着对新闻传播基本规律的关注与揭示,在今天仍然有着惊人的普适性与指导性。尽管如此,我们在学习和阐释马新观的时候,对于这些人的担心还是要予以一定的关注。这就要求我们对学习、运用马新观要下更大的功夫,解读和写作时要更加到位。

我们在阅读和理解习近平关于新闻舆论工作的论述时发现,他对马克思主义先哲的论述和祖国优秀传统文化案例的挑选、解读和分析十分到位,处处给人耳目一新和举一反三的读后收益。我们要以习近平的有关论述为指导,从阅读和理解他的文案入手,提高自己的水平和能力,把这套丛书编得更好。同时,真诚、热切地期待广大读者给予我们更多指导和监督。

序

舆论是人类社会中普遍存在的客观社会现象,从我国古代的"众口铄金""诽谤之木",到近现代西方的"公众意见",生活在社会中的每一个人都不可避免地受到某种舆论的影响。作为马克思主义基本原理在新闻舆论领域的体现,马克思主义新闻观正是因应工人阶级舆论宣传和舆论斗争的需要而产生,并在指导无产阶级舆论宣传和舆论斗争实践中不断发展完善。

马克思和恩格斯认为,舆论作为"一般关系的实际的体现和鲜明的表现",反映了"公众心理的一般状态",是基于现实世界基础上以意识的形式构建出的观念世界的重要组成部分,具有"普遍的、隐蔽的和强制的力量",在夺取和稳固国家政权、推动社会变革和立法、监督制约权力组织和当权者、监督普遍的社会活动等方面发挥着巨大的作用。据不完全统计,在马克思和恩格斯著作里,"舆论"这一概念出现多达300余次,奠定了马克思主义舆论思想的理论基础。作为马克思和恩格斯舆论思想的忠实践行者和继承发展者,列宁领导俄国无产阶级政党和人民,同沙皇统治和资产阶级及党内形形色色的机会主义进行了艰苦卓绝的斗争,形成了极具特色的舆论观,把马克思主义舆论思想推向新的发展阶段。以毛泽东为核心的党的第一代领导集体,将马克思列宁主义舆论思想基本原理同中国革命、建设实践相结合,形成了具有中国特色的舆论思想理论和策略原则,开创了马克思主义舆论思想中国化进程。党的十一届三中全会以后,以邓小平、江泽民、胡锦涛为主要代表的中国共产党人,传承马克思主义舆论思想基本原理,把握新的时代要求,结合建设中国特色社会主义实际,形成了中国特色社会主义舆论观,推动了马克思主义舆论思想的新发展。党的十八大以来,中国特色社会主义进入新时代。以习近平同志为核心的党中央,从世情国情党情的新变化审视舆论工作面临的新课题,从媒体格局和舆论生态的新调整分析舆论工作面临的新挑战,对加强和改进舆论工作提出了一系列富有创见的新观点新论断新要求,形成了体系完整、科学系统的关于舆论工作的重要论述。

舆论思想贯穿于马克思主义新闻观产生、发展和中国化的全过程。在马克思主义舆论思想形成的过程中,产生了"舆论的晴雨表""舆论纸币""舆论动员""舆论导向""舆论引导""网上舆论工作"等一系列具有马克思主义新闻观特色的核心概念。概念是理论的载体,这些核心概念对于理解马克思主义新闻观,尤其是其舆论思想起着非常重要的作用,从某种程度上可以说是打开马克思主义舆论思想之门的钥匙。

作为童兵、马凌教授领衔的"马克思主义新闻观核心概念"系列丛书中的一本,本书以马克思主义经典作家的著作为基本依据,选取马克思主义舆论思想产生和发展过程中起着举足轻重作用的14个核心概念进行系统分析梳理。全书分为三编十四章。第一编"马克思列宁主义中的舆论理论",从原典中梳理马克思、恩格斯、列宁等马克思主义经典作家关于舆论的思想和观点。第二编"毛泽东思想中的舆论理论",聚焦毛泽东思想这一马克思主义中国化的第一个理论成果,分析以毛泽东为代表的中国共产党人对马克思主义舆论思想的发展。第三编"中国特色社会主义理论体系中的舆论理论",呈现邓小平理论、"三个代表"重要思想、科学发展观,特别是习近平新时代中国特色社会主义思想中的舆论理论。

本书旨在成为广大读者学习马克思主义新闻观和马克思主义舆论思想的一本工具书,在概念的选取和阐述过程中,力求做到全面性、系统性和权威性相统一。一是概念选取的全面性。本书选取的14个核心概念,从纵向上看,贯穿马克思主义舆论思想产生、发展和创新全过程;从横向上看,涵盖舆论本质、舆论功能、舆论控制、舆论导向等马克思主义舆论思想的主体内容。二是概念分析的系统性。本书在概念分析的过程中,着力从概念产生的时代背景、演变历程、内涵要义、价值影响等多个维度对其进行系统阐述,力求在具体语境中阐述其产生,在历史演变中分析其内涵,在时代背景下说明其价值。三是资料来源的权威性。本书以最新版的《马克思恩格斯全集》《列宁全集》《毛泽东选集》等权威著作为依据,力求达到权威性、准确性。

虽然做了诸多努力,但由于笔者的见识、学识所限,特别是对马克思主义经典理论的理解还不够深入,致使本书还有诸多不足。在以后的研究生涯中,笔者将继续对马克思主义舆论思想的核心概念进行持续性研究,对书稿不断进行修改和完善。

胡 栓
2022年10月

目　录

第一编　马克思列宁主义中的舆论理论

第一章　一般关系的实际的体现和鲜明的表现 …………… 3
第二章　舆论的晴雨表 ……………………………………… 13
第三章　普遍的、隐蔽的和强制的力量 …………………… 21
第四章　舆论纸币 …………………………………………… 37
第五章　制造社会舆论 ……………………………………… 45

第二编　毛泽东思想中的舆论理论

第六章　舆论动员 …………………………………………… 57
第七章　舆论一律和舆论不一律 …………………………… 67
第八章　党报的战斗性 ……………………………………… 74
第九章　报纸批评 …………………………………………… 82

第三编　中国特色社会主义理论体系中的舆论理论

第十章　思想中心 …………………………………………… 99
第十一章　舆论导向 ………………………………………… 107

第十二章	舆论引导	116
第十三章	舆论监督	126
第十四章	网上舆论工作	137

参考文献 ··· 158

第一编

马克思列宁主义中的舆论理论

第一章　一般关系的实际的体现和鲜明的表现

法国启蒙思想家卢梭在1762年出版的《社会契约论》一书中，首次将拉丁文"公众"和"意见"两个词联结起来构成"舆论"一词，用以表达人们对社会性的或者公共事务方面的意见，被认为是现代舆论概念的起源。在卢梭看来，每个公民在协约组成社会共同体之后即把自己从自然状态转入公民状态，人就由一个愚昧狭隘的动物变成一个理智生物，变成一个人。他认为，公众意见的形成源于人类的理性，正是由于人是有理性的，理性的个体聚集在一起形成了公众的意见。德国古典哲学家黑格尔在《法哲学原理》中对公共舆论思想进行了原发性的阐述，指出"个人所享有的形式的主观自由在于，对普遍事务具有他特有的判断、意见和建议，并予以表达。这种自由，集合地表现为我们所称的公共舆论"，认为公共舆论是公民个人自由言论的集合性表达，是"人民表达他们意志和意见的无机方式"[①]。从16世纪初开始，一些空想社会主义者就对舆论进行了关注和研究，提出了许多关于舆论的观点和主张。随着近代报刊的出现，以圣西门为代表的空想社会主义者把报刊作为舆论引导和政治教化的工具，认为"在任何国家都有一种力量高

---

① 黑格尔：《法哲学原理》，范扬、张企泰译，商务印书馆1961年版，第331页。

于政府,这就是舆论的力量"①。

马克思和恩格斯在对英法启蒙思想家、德国古典哲学家和空想社会主义者关于舆论性质的思考见解等进行合理借鉴和批判分析的基础上,结合自身新闻舆论工作实践,形成了关于舆论性质的基本认识,并对舆论的产生过程、特征、规律等进行了较为系统的论述。马克思和恩格斯认为,舆论反映了"公众心理的一般状态"②,"是自然且普遍存在的一种精神交往形态",并提出了舆论是"一般关系的实际的体现和鲜明的表现"的著名论断。

马克思首次正式提出社会舆论是"一般关系的实际的体现和鲜明的表现",是在1843年年初刊登在《莱茵报》上的《摩泽尔记者的辩护》。1842年12月,《莱茵报》第346号和第348号刊登了该报记者彼·科布伦茨写的关于摩泽尔地区种植葡萄的农民贫困状况的通讯。"一篇是谈摩泽尔河沿岸地区的柴荒问题,另一篇是谈摩泽尔河沿岸地区的居民特别关注1841年12月24日的王室内阁指令以及报刊在该指令的推动下所采取的比较自由的行动。"③两篇文章相比,第二篇言辞更为尖锐,是为摩泽尔河沿岸地区葡萄种植者向当地政府发出求助的强烈呼声。莱茵省时任总督冯·沙培尔对两篇报道非常不满,认为科布伦茨在歪曲事实、诽谤政府,认为他并不是为了增进摩泽尔农民的幸福,而是企图煽起不满情绪并削弱当局与臣民之间的联系。沙培尔还给《莱茵报》两个"训令",要求记者"把使葡萄酒酿造者陷入赤贫之境的祸根叙述出来,并且把吮吸他们

---

① 昂利·圣西门:《圣西门选集》第3卷,董果良、赵鸣远译,商务印书馆1985年版,第148页。
② 《马克思恩格斯全集》第12卷,人民出版社1962年版,第658页。
③ 《马克思恩格斯全集》第1卷,人民出版社1995年版,第357页。

膏血的吸血鬼明确地指出来……以便对他们进行追究",还要求记者"能同时提出适当的办法来消除葡萄酒酿造者的苦难处境"①。《莱茵报》时任主编马克思将两篇"训令"刊登在1842年12月18日的《莱茵报》上,目的是使记者科布伦茨做出申辩性的答复。由于科布伦茨无力十分深刻且全面地论证他文章里的观点,从而驳倒沙培尔对他的指责,因此,马克思就亲自把这个任务承担起来。马克思根据他所收集的关于摩泽尔河沿岸地区酿造葡萄酒的农民贫困状况的大量材料,在《莱茵报》上连续发表《摩泽尔记者的辩护》一文,以摩泽尔记者的名义尖锐地抨击普鲁士的社会政治制度。

马克思认为:"实际上存在着以敌对方式来阻挠坦率而公开地讨论摩泽尔河沿岸地区状况的特殊条件。在这里,我们也应该首先强调指出我们在论述中所遵循的观点,重新认识一般关系对当事人意志的巨大影响。我们应当把这些阻碍坦率而公开地讨论摩泽尔河沿岸地区状况的特殊条件,仅仅看作上述一般关系的实际的体现和鲜明的表现,这些关系就是管理机构对待摩泽尔河沿岸地区的特殊态度,报刊和社会舆论的普遍状况,以及占统治地位的政治精神及其体系。"②在这里,马克思提出社会舆论是"一般关系的实际的体现和鲜明的表现",从历史唯物主义的观点出发,对社会舆论的本质进行了明确阐述,认为社会舆论是人们思想的反映,是上层建筑的重要组成部分。

后来,马克思和恩格斯多次从不同维度对社会舆论的这一本质进行阐述。

---

① 科尔纽:《马克思恩格斯传》第1卷,刘丕坤等译,生活·读书·新知三联书店1985年版,第416—417页。
② 《马克思恩格斯全集》第1卷,人民出版社1995年版,第384—385页。

一、共同利益是社会舆论形成的重要基础

马克思和恩格斯从历史唯物主义的视角分析物质利益与思想的关系,认为思想并不是凭空产生的,而是与物质利益不可分割。他们在《神圣家族》中指出:"'思想'一旦离开'利益',就一定会使自己出丑。"①作为思想上层建筑的重要组成部分,社会舆论也只有和物质利益相结合才会产生持久的影响力。马克思和恩格斯认为,无论在何种社会形态下,共同利益都是社会舆论形成的基础,没有共同利益很难形成较大范围的舆论。特别是在交往日益频繁的资本主义社会,基于共同利益形成的舆论越来越稳固。

第一,阶级内部建立在共同利益基础上的舆论坚强有力。在一个拥有共同利益的阶级内部,往往比较容易形成一致的舆论。这种舆论一旦形成,往往能够激发出强大的力量,不解决问题是很难消退的。1829年,俄国舰队封锁了黑海的出海口。马克思描述了当时的情形:"这种封锁会损害不列颠在黎凡特的贸易,使当时英国的通常是迟钝的舆论鼎沸起来,反对俄国和反对内阁。"②英国的舆论给俄国施加了巨大的压力。马克思引证了时任俄国公使利文公爵向国内发出的紧急报告中的一段话:"舆论随时准备大肆攻击俄国。不列颠政府不能经常与之对抗,而且在同民族偏见密切相关的《海商法》问题上向舆论挑战是危险的。"③这件事充分表现出阶级内部共同利益对于舆论形成的巨大作用。

第二,共同利益可以促使对立阶级形成一致的舆论。对立阶

---

① 《马克思恩格斯文集》第1卷,人民出版社2009年版,第286页。
② 《马克思恩格斯全集》第13卷,人民出版社1998年版,第361页。
③ 同上书,第362页。

级之间也可能存在暂时的共同利益。在面对具体问题时,虽然是对立阶级,但也会积极争取共同利益,进而形成较为一致的强大舆论。1872年,虽然当时英国资产阶级和封建贵族是政治同盟,但他们之间有小规模的经济战,并需要大量的产业工人。基于此,英国资产阶级舆论支持英国的农业工人进行罢工斗争,使得农业工人联合会逐渐发展壮大。恩格斯在《伦敦来信。一、英国农业工人的罢工》中对此评价道:"联合会由于有产业工人抵抗团体出主意、提供经验这些帮助,就更加巩固了,并且一天一天壮大起来了,甚至还受到了资产阶级舆论的支持。"① 1889年8—9月,伦敦爆发了码头工人大罢工,前后有6万人参加。在对抗码头巨头的问题上,资产阶级和工人阶级形成了一致的舆论,在取得此次大罢工最后胜利的过程中发挥了重要作用。恩格斯指出:"这时资产阶级终于意识到,码头巨头们也是它的敌人,罢工工人展开斗争不仅合乎他们本身的利益,而且间接地也合乎资产阶级的利益。公众同情罢工,资产阶级人士空前慷慨地解囊相助……斗争和胜利震动了整个舆论界……"②

第三,舆论会随着共同利益的变化而变化。在现代资本主义社会里,共同利益往往是以私人利益为基础的。随着社会关系的不断变动,所谓的"共同利益"也会经常发生变化,建立在共同利益基础上的舆论也会随之变化。恩格斯在《爱尔兰史》中指出:"我们同时也看到,英国统治阶级的舆论(大陆上只有它能够为人所知)如何随着时势和利益的变化而反复无常。"③他称英国资产阶级的

---

① 《马克思恩格斯全集》第18卷,人民出版社1964年版,第82页。
② 《马克思恩格斯全集》第28卷,人民出版社2018年版,第576—577页。
③ 《马克思恩格斯全集》第16卷,人民出版社1964年版,第549页。

舆论是"'好社会'的可怕暴君",具有"不可救药的反复无常"①。恩格斯认为,英国统治阶级的舆论之所以反复无常,主要看其物质利益需要的是什么,一旦自己的物质利益发生变化,马上就会扭转舆论方向。当英国统治阶级觉得英国需要粮食的时候,爱尔兰的自然条件就适合种小麦;当英国需要肉类的时候,爱尔兰就适合作牧场了。一旦有关方面的利益受到损害,曾经存在的较为一致的舆论会立即被与新的利益相关的舆论替代,不论原来形成的舆论在道德和民族感上显得多么高尚或伟大。② 1855年爆发克里木战争(克里米亚战争)时,出于民族仇恨,英国国内形成了较为一致的支持战争的舆论,但没有持续多久就发生了变化,主要原因就是物质利益。对此,马克思指出:"当俄国开始侵略土耳其时,民族仇恨马上就很明显地暴露出来;也许,从来没有一场战争像这场战争那样深得人心。……但是了解英国人性格的人都相信,这种好战的热情不会持续很久,至少对资产阶级来说是如此。只要战争使资产阶级破费,它的唯利是图的天性就肯定会比它的民族自豪感占上风,对直接的个人利益会遭到损失的恐惧心理肯定会比对全民族的大优势必然要逐渐遭到损失的恐惧心理更厉害。"③

二、社会舆论具有多种表现形式

社会舆论的本质是一般关系的实际的体现和鲜明的表现。这里的"一般关系"是指大多数公众,社会舆论是一种群体的意见,"实际的体现和鲜明的表现"指舆论的表现形式。马克思和恩格斯

---

① 《马克思恩格斯全集》第29卷,人民出版社2020年版,第325页。
② 陈力丹:《精神交往论——马克思恩格斯的传播观》(修订版),中国人民大学出版社2016年版,第140页。
③ 《马克思恩格斯全集》第14卷,人民出版社2013年版,第291—292页。

认为,作为一种群体意见的自然状态,舆论的表现形式并不局限于意见,还包括态度、情绪、气氛等多种形式。社会舆论正是凭借多样化的表现形式对一般关系进行实际体现和鲜明表现。

马克思和恩格斯对舆论的表现形式的界定比较宏观,认为无论是意见、态度还是情绪、气氛等,只要达到一定程度,都可以说是代表了某种舆论。在马克思和恩格斯的著作中,意见作为舆论的表现形式最常被提及。1855年,恩格斯在《克里木的战果》中指出:"长期的围攻终于在兵营内造成了以有见识的军官们公开发表的意见为根据的某种舆论。"① 在该文中,恩格斯明确指出军官们发表的意见构成了军营的舆论。马克思和恩格斯还认为,情绪也是舆论的重要表现,一种情绪达到一定强度足以反映公众的群体意见,是一种隐形的舆论。1855年,马克思在《报刊和军事制度》中引用《纪事晨报》的文章说:"我们痛心地指出,近日笼罩舆论界的沮丧情绪要完全归罪于《泰晤士报》的影响。"② 马克思和恩格斯认为,情绪达到一定程度时,就会形成浓厚的气氛,气氛也能够反映人们的意见和思想情况,是舆论的重要表现形式。1871年,马克思在写给保尔·拉法格的信中评价当时英国的舆论状况时指出:"现在,这里的公众舆论又呈现出好战的气氛。"③ 马克思和恩格斯还认为,态度作为人们的认知和思想的反映,也是舆论的一种表现形式。1884年,恩格斯在《家庭、私有制和国家的起源》中写道:"例如在易洛魁人中,逐渐形成了对这种离婚采取否定态度的社会舆论。"④

---

① 《马克思恩格斯全集》第14卷,人民出版社2013年版,第214页。
② 同上书,第11页。
③ 《马克思恩格斯全集》第33卷,人民出版社1973年版,第186页。
④ 《马克思恩格斯全集》第28卷,人民出版社2018年版,第64页。

三、社会舆论具有灵活性和不稳定性

作为一般关系的实际的体现和鲜明的表现,社会舆论并不是一成不变的,而是随着一般关系的变化而不断变化。特别是进入现代资本主义社会后,随着交往环境的日益开放和交往程度的不断加深,现代交往逐渐把个人生活同世界连成一体。社会舆论不仅会随着利益的变化而变化,还受到信息传递等诸多外部因素的影响。社会舆论变得十分灵敏,外界发生的任何变动在一定条件下都可能引起舆论的变动。

1870年,法国皇帝路易·波拿巴发动入侵普鲁士的战争。战争爆发时,英国舆论非常同情普鲁士。普鲁士胜利防御后,转而入侵法国,使得侵略战争变成法国人民的卫国战争。随着战争进程的变化等外部因素的影响,英国国内舆论发生了变化。马克思在致路德维希·库格曼的信中形象地描述了这一变化过程:"战争爆发时,舆论是非常同情普鲁士的,现在却完全相反。例如,在咖啡馆里,唱《守卫在莱茵河上》的德国歌手都要被嘘下台来,而唱《马赛曲》的法国歌手却博得别人齐声伴唱。除了人民群众对共和国的坚决同情、上流社会对业已公开的俄普同盟的恼怒,以及普鲁士外交在军事上获得胜利以来所使用的无耻腔调以外,进行战争的方式——征集制度、焚毁村庄、枪杀自由射手、扣留人质以及类似三十年战争时期的种种暴行——在这里已经激起了公愤。"[①]

一方面,社会舆论受到外部信息的影响。信息传递与舆论变化密切相关,"信息一旦与公众的心理因素、价值观念、记忆历史、

---

① 《马克思恩格斯文集》第10卷,人民出版社2009年版,第348页。

物质利益发生碰撞,便会使舆论急遽发生变化"①。1854年,马克思在《东方战争》一文中记录了在克里木战争中君士坦丁堡关于战争的舆论受信息的影响出现的前后巨大的变化。马克思指出,土耳其政府接受四强国建议的信息传开后,引起了舆论沸腾,大量大学生聚集请愿,"炽热的怒火席卷了君士坦丁堡"②。由于政府发布信息,"第二天苏丹出告示,宣称不停止军事行动,于是公众情绪才稍稍平静下来"③。虚假的信息也会对舆论产生影响,特别是被识破后,舆论更是会发生急遽变化。1848—1849年,捷克在奥地利的统治下,捷克人民相信当局将给予他们"民族权力平等"的诺言。然而,当他们发现受骗时,捷克的舆论发生了巨大变化,正如恩格斯描述的:"受到了最无耻的欺骗的奥地利斯拉夫人的带头人捷克人,已经表示了自己的意见。他们狂怒的时候是不顾一切的。他们失望之极,以致布拉格的舆论整个革命化了。"④

另一方面,社会舆论受到个别人物的言行的影响。舆论是公众意见的自然状态和表达意见的无机方式,在现代社会容易受到统治者和社会活动家言行的影响。俄国将很大一块波兰领土让给了普鲁士和奥地利,而俄国女皇叶卡捷琳娜二世将舆论引入歧途。恩格斯在《工人阶级同波兰有什么关系?》一文中指出:"叶卡捷琳娜二世的宫廷变成了当时开明人士、特别是法国人集聚的大本营;这位女皇和她的宫廷标榜最开明的原则,她竟然能够如此成功地欺骗他们,以致伏尔泰和其他许多人都歌颂'北方的塞米拉米斯',

---

① 陈力丹:《精神交往论——马克思恩格斯的传播观》(修订版),中国人民大学出版社2016年版,第142页。
②③ 《马克思恩格斯全集》第13卷,人民出版社1998年版,第28页。
④ 《马克思恩格斯全集》第43卷,人民出版社1982年版,第469页。

宣称俄国是世界上最进步的国家,是自由主义原则的祖国,是信教自由的捍卫者。"①1857年9月,人们关注到受拿破仑第三政府保护的CM股份银行的董事奥·图尔内桑先生的破产,整个欧洲的报刊都在大嚷大叫,却没有看到整个法国的银行券的贬值和利润的下跌实际上动摇了整个波拿巴政体的经济支柱。对此,马克思做出规律性的总结:"社会舆论易于受个别人物突然垮台的影响,却不追踪探索整个机构的逐渐衰落。群众只有在危险很大很明显的时候,才会惊慌起来。"②在这里,真正促使舆论变化的是公众的自我感受,正如马克思所说:"如果有某种东西能像动摇过舆论那样在一瞬间动摇陪审员们的资产阶级良心,那就是暴露无遗的政府的阴谋、展现在他们眼前的普鲁士政府的腐败。"③

随着世界交往日益密切,舆论在19世纪西方资本主义社会异常活跃,成为影响社会发展的重要力量,日益引起人们的重视。舆论开始进入西方学者的研究视野,黑格尔、托克维尔、约翰·密尔等著名学者都对舆论进行过研究。大部分研究尚停留在意识层面,将舆论作为一种公众意见,着重探讨其正确与否和在公共管理层面的作用。这些研究没有深入挖掘公众意见来自哪里、本质是什么、决定性影响因素有哪些等根本问题。马克思和恩格斯以历史唯物主义的立场和观点,将舆论放在人类实践的视野中考察,提出了舆论是"一般关系的实际的体现和鲜明的表现"这一著名论断,准确且深刻地抓住了舆论的本质,具有鲜明的马克思主义理论特色,为马克思主义舆论思想的发展成熟奠定了基础。

---

① 《马克思恩格斯全集》第21卷,人民出版社2003年版,第230页。
② 《马克思恩格斯全集》第16卷,人民出版社2007年版,第340—341页。
③ 《马克思恩格斯全集》第11卷,人民出版社1995年版,第545页。

第二章 舆论的晴雨表

作为"一般关系的实际的体现和鲜明的表现",舆论是"自然的普遍存在的一种交往形态","反映了公众心理的一般状态",是基于现实世界、以意识的形式构建出的观念世界的重要组成部分。在现代资本主义产生之前,由于社会较为封闭,交往不够发达,舆论的演进十分缓慢,总体比较稳定,各地区和各方面的舆论发展水平差距不大。进入现代资本主义后,人类社会的交往出现了革命性变化,交往的频率和范围大大增加,世界范围交往体系逐渐形成。在此背景下,舆论演进的速度大大加快,各地区和各方面的舆论发展水平的差距不断增大。随着社会联系和交往日益频繁,各种舆论不断走出原有的社会圈层,相互影响和碰撞,舆论之间出现了分层和位差。

基于舆论的这种差异,马克思和恩格斯通常会在"舆论"前面加上限定不同地区、不同阶层、不同行业、不同政治倾向的多种定语:有限定国家和地区的,如德国的舆论、大不列颠的舆论、瑞士的社会舆论、匈牙利的舆论、印度舆论、欧洲的舆论界、俄国的舆论、布拉格的舆论、莱茵省的舆论界等;有表明舆论特点的,如有组织的舆论、爱好自由的舆论、未来舆论、庸俗舆论、迂腐舆论等;有限定不同阶层的,如军界的舆论、意大利工人的舆论、小市民的舆论、立宪主义的舆论等。1855年,马克思在谈到英国舆论对克里木战争的态度时,提出两种类型的舆论,即"前一个是民众谈论的,后一个则是俱乐部和沙龙谈论的"①。

舆论作为"一般关系的实际的体现和鲜明的表现",其性质和发展程度受到经济社会状况、主体自身状况、政治自由状况等多种因素的影响。这些因素直接决定了不同舆论的位差。

第一,社会舆论与经济社会发展相辅相成。马克思和恩格斯认为:"思想、观念、意识的生产最初是直接与人们的物质活动,与人们的物质交往,与现实生活的语言交织在一起的。人们的想象、思维、精神交往在这里还是人们物质行动的直接产物。"②舆论作为上层建筑和人们精神交往的一种形态,是社会物质生活的基本状况在人们思想上的反映,是与人们的实践相适应的。正如恩格斯所说:"他们自己将做出他们自己的实践,并且造成他们的与此相适应的关于个人实践的社会舆论。"③舆论的发展程度取决于人们所处社会的生产力发展水平,不同经济社会状况下的舆论具有不同的形态和特征。恩格斯在《俄国沙皇政府的对外政策》一文中指出,俄国的经济得到发展,俄国人民的思想不再机械地服从于沙皇政府,资产阶级的出现使得俄国沙皇不得不装扮成自由派,这为俄国社会舆论的发展奠定了开端,俄国的社会舆论是俄国的内部历史、本民族的思想界的运动及其反映④。

此外,舆论的发展水平还与社会的交往水平密切相关。1845年,马克思在谈到法国下层社会时指出:"舆论由于人们的不相往

---

① 《马克思恩格斯全集》第 14 卷,人民出版社 2013 年版,第 120 页。
② 《马克思恩格斯选集》第 1 卷,人民出版社 2012 年版,第 151 页。
③ 《马克思恩格斯全集》第 28 卷,人民出版社 2018 年版,第 101 页。
④ 《马克思恩格斯全集》第 29 卷,人民出版社 2020 年版,第 37 页。

来而分歧太大,太无知,也太肮脏了,因为每个人对自己是陌生的,所有的人彼此也是陌生的。"①

第二,社会舆论具有鲜明的阶级性。虽然舆论是群体意见的自然和无机状态,具有自发性和普遍性特征,但是作为"经济地位和社会地位相同或相近的人们对一件事情的一致态度"②,舆论还是不同阶级和阶层的产物,代表不同阶级和阶层的利益与要求,具有鲜明的阶级性特征。马克思提出"民众谈论的"和"俱乐部和沙龙谈论的"③两种舆论,恩格斯指出"俄国的舆论实质上有着鲜明的泛斯拉夫主义的性质"④。马克思认为,从一个社会的总的情况来看,"一个阶级是社会上占统治地位的物质力量,同时也是社会上占统治地位的精神力量。支配着物质生产资料的阶级,同时也支配着精神生产资料"⑤。马克思和恩格斯站在无产阶级的立场上,对资产阶级舆论的虚伪性、贪婪性进行了无情的批判。马克思认为,资本主义本身具有的贪婪和不道德性必然会反映在舆论上,社会舆论无法掩饰资本主义商业生活气息,强行违背这个规律不仅没有必要,也没有价值。他在《国民经济学批判大纲》中写道:"社会舆论既然还不具有人道精神,那么何必要掩饰从商业本身的无人性的和充满敌意的本质中所产生的那些东西呢?"⑥恩格斯认为,舆论是有阶级立场的,资产阶级的舆论代表的是资产阶级的利益,并且会随着资产阶级利益的变化而变得摇摆和反复。他在《〈英国

---

① 《马克思恩格斯全集》第42卷,人民出版社1979年版,第312页。
② 童兵:《理论新闻传播学导论》,中国人民大学出版社2000年版,第125页。
③ 《马克思恩格斯全集》第14卷,人民出版社2013年版,第120页。
④ 《马克思恩格斯全集》第17卷,人民出版社1963年版,第308页。
⑤ 《马克思恩格斯文集》第1卷,人民出版社2009年版,第550页。
⑥ 同上书,第61页。

工人阶级状况〉1892年德文第二版序言》中写道:"这再一次证明'好社会'的可怕暴君——资产阶级舆论——的不可救药的反复无常,而且再一次证明,我们老一代的社会主义者完全有理由对这种舆论始终表示蔑视。"①

第三,社会舆论与政治自由密切相关。作为精神交往的重要形态,社会舆论受人们交往程度的影响,交往程度越频繁,社会舆论的发展越充分。政治自由是影响人们交往的重要因素。从某种意义上说,政治自由程度体现了社会舆论的发展程度。恩格斯明确将"没有出版自由"和"没有社会舆论"作为一体两面,认为由于当时德国没有出版自由,也就谈不上有真正的舆论存在。基于此,马克思和恩格斯对书报检查令、知识税、保证金等限制民众政治自由的做法进行了无情的批判。马克思指出,书报检查制度下的德国毫无舆论自由和精神生活可言,使得"人民本身已不再关注祖国的利益,而且丧失了民族意识"②。他犀利地称当时的德国为德国精神上的"大斋期"。恩格斯也对书报检查制度下的德国贫乏的精神生活进行了形象的描述:"没有事先得到许可,什么也不能说,不能教,不能印刷,不能发表"③,"这样进行的书报检查将发展成专横的管制,发展成对社会舆论的地地道道的压制"④。

此外,政治自由不仅是一种法定权利,还是一种公民的政治意识。公民政治意识的觉醒,是社会舆论发展的必要条件。当人们缺乏政治意识时,社会舆论不可能真正发展起来。马克思和恩格

---

① 《马克思恩格斯全集》第29卷,人民出版社2020年版,第406页。
② 《马克思恩格斯全集》第1卷,人民出版社1995年版,第381页。
③ 《马克思恩格斯全集》第11卷,人民出版社1995年版,第16页。
④ 《马克思恩格斯全集》第2卷,人民出版社2005年版,第468页。

斯把公民获得政治意识与舆论得到发展结合起来,阐述政治自由对舆论发展的重要性。1842年6月,恩格斯在《参加巴登议会的辩论》一文中指出:"我们的政治意识越发展,普鲁士的社会舆论表达得越自由和越响亮,我们和德意志其他民族统一的感情就越强烈,我们观察他们的国家生活中的社会现象的兴趣就越浓厚。"[1]1868年,马克思写信给施韦泽,告诫他"这里的工人从小就受官僚主义的管束,相信权威,相信上级机关,所以在这里首先应当教会他们自己走路"[2]。在马克思看来,只有通过培养人们的政治意识,社会舆论才能获得源源不断的动力支持,工人运动才能在这种舆论氛围中发展壮大。

进入现代资本主义社会后,受到舆论主体所处经济社会条件、阶级阶层属性和自身受教育程度等多重因素的影响,各地区和各方面的舆论发展水平的差距不断拉大,在交流和碰撞中自然出现了"领头羊",成为意见领袖,对一个国家(地区)和民族的舆论发展起到带头作用。马克思和恩格斯将这种具有引领性的舆论称为"舆论的晴雨表",在著作中多次提及"公众舆论的晴雨表""社会舆论变化的晴雨表"等。他们认为,发达地区和先进阶层的舆论往往成为整个国家(地区)、民族和阶层舆论的晴雨表。

一方面,发达地区的舆论往往成为整个国家舆论的晴雨表。社会舆论与经济社会发展,特别是生产力的发展程度相辅相成。由于发达地区经济社会发展水平较高,该地区的人们更具有形成先进舆论的自觉意识和物质条件,其舆论发展得更为充分,更容易发挥引领性作用,成为整个国家舆论的晴雨表。1848年,恩格斯在

---

[1] 《马克思恩格斯全集》第41卷,人民出版社1982年版,第317页。
[2] 《马克思恩格斯选集》第4卷,人民出版社2012年版,第477页。

给英国宪章派机关报《北极星报》的信中,描述当时德国国内情况时指出:"这个联邦议会完全由普鲁士和奥地利控制着;只要它们威胁一下小邦诸侯,说不支持他们同本邦议会的斗争,就足以把后者吓得百依百顺了。这样一来,由于它们的势力压倒一切,由于它们是德意志各邦诸侯权力所依据的原则的真正代表者,它们就成了德国的绝对统治者。"①虽然奥地利和普鲁士都是德国的绝对统治者,但"只有普鲁士资产阶级从昏睡中苏醒过来,这种斗争才能起作用。因为奥地利人未必能够列入文明世界,他们驯服地服从统治者的家长式的专制统治,所以普鲁士就成了德国现代历史的中心,社会舆论变化的晴雨表"②。在这里,恩格斯明确指出,由于普鲁士在德国经济社会发展和政治统治中居于中心地位,普鲁士的舆论就成了社会舆论变化的晴雨表,德国的舆论以该地区的舆论为转移。

另一方面,先进阶层的舆论往往成为公众舆论的晴雨表。社会舆论具有阶级性,先进阶层在一定范围内具有较高的经济地位和文化水平,他们的舆论可能造成的影响更大,进而成为整个社会舆论的晴雨表。马克思和恩格斯注意到18世纪法国大革命前后先进思想群体在形成整个社会舆论的过程中的作用。在《〈勒·勒瓦瑟尔回忆录〉摘要》一文中,马克思认为,1792年,由于当时"雅各宾俱乐部是公众舆论的晴雨表"③,吉伦特派"控制着雅各宾俱乐部,也就是说,左右着公众舆论"④。然而,在后来的议会选举中吉伦特派却失败了,马克思认为是源于他们"蔑视公众舆论,无力制止

---

①② 《马克思恩格斯全集》第2卷,人民出版社1957年版,第644页。
③④ 《马克思恩格斯全集》第40卷,人民出版社1982年版,第374页。

混乱,他们'使自己失去了可以支配的对事件因势利导的手段'"①,而"所有多少以刚毅和爱国精神著称的代表一来到巴黎,就被吸收进受巴黎公社巨大影响的雅各宾俱乐部"②,进而引发社会舆论支持,建立起雅各宾派专政。18世纪法国启蒙思想家作为社会舆论的晴雨表,他们的影响力还辐射到欧洲其他地方。恩格斯认为,"当时在欧洲已经存在着一种开明的'舆论'",即"一种在狄德罗、伏尔泰、卢梭以及18世纪法国其他作家的巨大影响下形成的舆论"③。当时俄国女皇叶卡捷琳娜二世非常关注这种舆论,并尽可能争取这种舆论的支持,将宫廷变成了当时开明人士,特别是法国人集聚的大本营。由此可见,先进思想群体在社会舆论形成过程中的重要作用,也说明了统治阶级掌握先进舆论的重要意义。

此外,马克思和恩格斯注意到在不同的范围和阶层中都有相对先进的舆论起到"领头羊"和"晴雨表"的作用。在克里木战争中,恩格斯认为,在兵营内"以有见识的军官们公开发表的意见为根据的某种舆论"④在英法联军中有很大影响,并帮助兵士们免受谣言的欺骗。即使在不发达地区,先进阶层的舆论也能成为该地区舆论的晴雨表,成为当地舆论的中心。针对19世纪40年代法国的农村,恩格斯指出,"法国农村的学校教师一般是最能代表这些地区的舆论的"⑤。1855年资产阶级在俄国刚出现,恩格斯就认识到其在舆论方面的引领作用,认为"这就为俄国的内部历史、为

---

①② 《马克思恩格斯全集》第40卷,人民出版社1982年版,第374页。
③ 《马克思恩格斯全集》第21卷,人民出版社2003年版,第230页。
④ 《马克思恩格斯全集》第14卷,人民出版社2013年版,第214页。
⑤ 《马克思恩格斯全集》第10卷,人民出版社1998年版,第247页。

本民族的思想界的运动及其反映即社会舆论奠定了开端,这种社会舆论尽管还很微弱,但是它越来越具有重要意义,越来越不可忽视"[1]。

---

[1] 《马克思恩格斯全集》第 29 卷,人民出版社 2020 年版,第 37 页。

第三章　普遍的、隐蔽的和强制的力量

作为马克思和恩格斯舆论思想的重要来源，英法启蒙思想家、德国古典哲学家和空想社会主义者关于舆论的思想中就有许多围绕舆论作用和力量的论述。

17世纪英国思想家洛克将"人民的同意"设为国家的逻辑起点，认为当公民的认可和同意以舆论的形式存在时，就能够起到规范人们行为的作用，并将"舆论法"与"神法""民法"并列为"人们在判断行为的邪正时所常依据的那些法律"[①]。卢梭认为，舆论是除了根本法、民法和刑法之外的第四种法律，并且是最重要的一种，它"用习惯的力量不知不觉地去代替权威的力量"[②]；指出任何强权都必须尊重舆论的意志，尊重人民的意愿，才能维持自己的存在。

德国古典哲学集大成者黑格尔也认识到舆论的重大价值，认为舆论是一支巨大的力量，指出"公共舆论不仅包含着现实界的真正需要和正确趋向；而且包含着永恒的实在性的正义原则，以及整个国家制度、立法和国家普遍情况的真实内容和结果"[③]。

空想社会主义者在不同阶段都提出了对舆论力量和作用的主

---

① 洛克：《人类理解论》，关文运译，商务印书馆1983年版，第239页。
② 卢梭：《社会契约论》，李文沤译，商务印书馆2011年版，第61页。
③ 黑格尔：《法哲学原理》，范扬、张企泰译，商务印书馆1961年版，第376页。

张。1516年,英国思想家托马斯·莫尔提出,在乌托邦里,"凡属认为重要的事都要提交摄护格朗特会议,由摄护格朗特通知各人所管理的住户,开会讨论,将决定报告议事会。有时问题须交全岛大会审议"①。三大空想社会主义者圣西门、欧文、傅立叶都非常重视舆论的作用,并将报刊作为舆论引导和政治教化的重要工具。圣西门高度评价舆论的功能,把舆论当成实现和平变革、影响社会、改造社会的重要途径,称其为"世界的女皇",认为"在任何国家,都有一种力量高于政府,这就是舆论的力量","任何力量都抗拒不了舆论,社会的安宁现在之所以还没有完全得到保证,就是因为舆论还没有形成"②。

尽管这些理论家对于舆论作用的主张和思考受到当时资本主义发展的影响,有一定的局限性和不成熟性,某种程度上夸大了舆论的作用,但无疑为马克思和恩格斯对舆论作用和力量的认识提供了理论积累。

马克思和恩格斯非常重视舆论的作用和力量,认为早在原始社会舆论的作用就举足轻重,是社会的重要约束力量。马克思指出:"在小的地区和小的天然集团里运用时,它所依赖的惩罚性制裁部分是舆论,部分是迷信。"③恩格斯进一步指出:"氏族制度是从那种没有任何内部对立的社会中生长出来的,而且只适合于这种社会。除了舆论以外,它没有任何强制手段。"④

进入资本主义社会,随着现代交往范围和频率的增大,社会舆

---

① 托马斯·莫尔:《乌托邦》,戴镏龄译,商务印书馆1996年版,第55页。
② 昂利·圣西门:《论蜜蜂与胡蜂的不和或生产者与不事生产的消费者的彼此地位》,《圣西门选集》第3卷,董果良、赵鸣远译,商务印书馆1985年版,第148页。
③ 《马克思恩格斯全集》第45卷,人民出版社1985年版,第657页。
④ 《马克思恩格斯全集》第28卷,人民出版社2018年版,第197页。

论的作用日益凸显。恩格斯评价舆论在 19 世纪 40 年代英国的作用时批评道:"难道下院不是一个脱离人民的、全靠贿赂选举出来的团体吗?难道议会不是在不断践踏人民的意志吗?社会舆论在一般问题上能对政府发生一点影响吗?社会舆论的权力不就是只限于个别场合并且只限于对司法和行政的监督吗?"[①]在这里,恩格斯将舆论看作一种与立法(议会)、司法和行政平行的权力。马克思在《摩泽尔记者的辩护》一文中指出:"既然这些关系看来在当时是普遍的、隐蔽的和强制的力量,那么几乎不言而喻,这些关系也必定会作为这种力量而产生影响,必定会在某种事实中得到体现,并在个别的、从表面看来是任意的行动中显示出来。谁要是抛弃这个客观观点,他就会带着片面性沉浸在怨恨的情绪之中,去对待那些曾经代表现存关系的严酷性来反对他的个人。"[②]在这里,马克思明确提出舆论是一种"普遍的、隐蔽的和强制的力量"的论断。

舆论是一种"普遍的、隐蔽的和强制的力量"的论断,从三个方面对舆论的作用进行了精辟的概括,明确指出舆论的作用具有的三个属性。一是舆论的作用具有普遍性。舆论普遍存在于人们的现实生活中,渗透在人们社会生活的方方面面。在现代交往条件下,舆论如影随形,时时刻刻影响人们思想观念和态度行为的各个方面。二是舆论的作用具有隐蔽性。舆论作为公众意见的集合,是一种无形的影响力,其作用的发挥是以看不见摸不着的隐蔽形式展现出来的。三是舆论的作用具有强制性。舆论的作用虽然不具有法律法规的强制效力,但它产生的影响是巨大的,甚至是法律

[①] 《马克思恩格斯全集》第 3 卷,人民出版社 2002 年版,第 408 页。
[②] 《马克思恩格斯全集》第 1 卷,人民出版社 1995 年版,第 385 页。

法规不能取代的。马克思和恩格斯提出这一论断后,随着形势和实践的发展,又从多个层面对舆论的作用和力量进行阐述,形成了比较完备的体系。

一、舆论是夺取和稳固国家政权的工具

马克思和恩格斯非常关注舆论和政治的关系,对于舆论在夺取和稳固国家政权方面的作用多次进行过阐述。马克思和恩格斯认为,"占有他人的意志是统治关系的前提"①,舆论与国家政权之间关系密切,得到社会舆论的支持对于夺取和稳固政权至关重要。恩格斯在《英国工人阶级状况》中指出,有产阶级"在法国和英国是直接地、而在德国是作为'社会舆论'间接地掌握着国家政权"②,认为"要是下院有朝一日获得全国舆论的支持……那它就会把一切权力完全攫为己有"③。在谈及不列颠政府对爱尔兰问题的处理时,马克思认为,"宣布政治大赦一般有两种缘由:(1)政府由于掌握武力和得到舆论支持而足够稳固"④。在这里,马克思将得到舆论支持和掌握武力一同视为资产阶级掌握国家政权的两个基本条件。马克思和恩格斯在《谢林论黑格尔》一文中更是以非常明确的语言指出,在德国"争夺对德国舆论的统治地位即争夺对德国本身的统治地位"⑤。马克思和恩格斯在指导无产阶级革命过程中多次强调,要利用报刊来联系群众,促成形成有利于无产阶级的舆论。他们反复强调无产阶级革命斗争中占领舆

---

① 《马克思恩格斯全集》第30卷,人民出版社1995年版,第495页。
② 《马克思恩格斯选集》第1卷,人民出版社2012年版,第86页。
③ 同上书,第120页。
④ 《马克思恩格斯全集》第16卷,人民出版社1964年版,第664页。
⑤ 《马克思恩格斯全集》第2卷,人民出版社2005年版,第323页。

论阵地的重要性,认为"现在极其重要的是使我们的党在一切可能的地方占领阵地"①。

二、舆论是推动社会变革和立法的重要力量

马克思和恩格斯认为,舆论是社会变革的先声。在他们看来,舆论的支持能够为社会变革提供源源不断的动力,对于社会变革至关重要。恩格斯在谈到俄国的工业、农业和社会变革时指出,"哪怕只是去设想这样一种变化,你们国家的社会舆论首先就要有一个巨大的进步"②。1893年,恩格斯从争取社会舆论支持的角度,建议德国带头裁军。他指出,由于俾斯麦27年的统治,德国在欧洲招致许多国家的不信任,"无论走到什么地方,都会看到对法国的同情和对德国的不信任,人们把德国看做是目前的战争危险的根源","不信任一定会变为信任,厌恶一定会变为同情",德国带头裁军就变得十分重要。因为这样"欧洲和美洲的整个社会舆论都会站在德国方面。这会是一种道义上的胜利,这种胜利会大大抵消……军事方面的一切缺点"③。

马克思和恩格斯认为,舆论是国家立法的一种推动力量。1843年,马克思在《科隆市民关于继续出版〈莱茵报〉的请愿书》中指出,舆论"为国家立法提供最丰富、最可靠和最生动的资料"④。"能够影响立法的舆论,通常不是某一方面的舆论,而是综合性的

---

① 《马克思恩格斯全集》第29卷,人民出版社1976年版,第569页。
② 《马克思恩格斯选集》第4卷,人民出版社2012年版,第629页。
③ 《马克思恩格斯全集》第29卷,人民出版社2020年版,第493页。
④ 《马克思恩格斯全集》第1卷,人民出版社1995年版,第949页。

普遍的舆论。"①马克思和恩格斯结合具体事例,对舆论作用于立法的过程进行了详尽的论述。

早在18世纪末,英国工人就开始积极寻求通过立法手段限制工作日时长,可是资本家为了攫取更多利润,使工作延长到14小时至18小时,甚至20小时。马克思以面包业为例对此有专门论述:"在英国,没有一个工业部门像面包业(刚刚兴起的机制面包业不算在内)那样,直到今天还保持着如此古老的、只有从罗马帝国时代的诗人作品里才可以看到的纪元前的生产方式。"②因此,"1858—1860年,爱尔兰的面包工人自己筹款组织了多次群众大会,为反对做夜工和星期日劳动进行鼓动。公众怀着爱尔兰人的热情表示站在工人一边,例如在都柏林1860年的五月大会上就是这样。由于这一运动,只做日工的规定在弗克斯福德、基尔肯尼、克郎梅尔、沃特福德等地真正有效地得到执行"③。马克思评价《英国10小时工作制法案》的通过复活了工人的体力和精神,是工人阶级和工厂主们"经过半个世纪的内战才被迫逐步同意"④的,是工厂主们"怯懦地向舆论让步"⑤。在这几十年的斗争中,广大工人阶级通过集会、罢工等形式,争取社会舆论的关注和同情,为推行十小时工作日营造了舆论氛围。正如恩格斯所说:"在十小时工作日问题引起公众关注的时期,社会上所有自身利益受到产业革命损害、生存受其威胁的派别都同上述这些人联合了起来。银行家、证券

---

① 陈力丹:《精神交往论——马克思恩格斯的传播观》(修订版),中国人民大学出版社2016年版,第149页。
② 《马克思恩格斯全集》第44卷,人民出版社2001年版,第288页。
③ 同上书,第291—292页。
④ 同上书,第341页。
⑤ 同上书,第342页。

投机商、船主、商人、土地贵族、西印度的大地主、小资产阶级,所有这些人在这个时期都日益在十小时工作日的宣传者的领导下联合起来。十小时工作日法给这些反动的阶级和派别提供了一个很好的条件,使它们进而联合无产阶级反对工业资产阶级。"[1]

1802年通过的《学徒健康与道德法》也是在社会对虐待学徒强烈反对的舆论压力下通过的。恩格斯对此评价道:"早在1796年,派西沃博士和罗·皮尔爵士(棉纺织工厂厂主,现任首相的父亲)就那么有力地表现了这个令人发指的制度在社会舆论中所引起的愤怒,竟使得议会在1802年通过了学徒法,制止了最惊人的虐待。"[2]

舆论对立法的影响还在于否定某些法律草案和促成某些法律的废除。1843年,英国教育法草案在社会舆论的压力下被议会否决。恩格斯对此评论道:"旷日持久的审议使舆论有时间对提出的措施作出判断,并在必要时利用群众大会和请愿来反对这种措施,这种做法常常——如去年詹姆斯·格雷厄姆爵士的教育法案——能够奏效。"[3]1844年英国遭遇金融危机,银行法在平时就不起作用,在危机中更是加剧金融恐慌。马克思对此评论道:"当真正的金融衰退这样被人为的恐慌加剧并因而造成大量牺牲的时候,政府往往受不住舆论的压力,这项法令恰好就在需要它来应付局面、而且只有它多少能起些作用的时候暂停实行了。例如,1847年10月23日,伦敦的一些大银行家曾前往唐宁街求援,要求停止实行皮尔法令。"[4]

---

[1] 《马克思恩格斯全集》第10卷,人民出版社1998年版,第301页。
[2] 《马克思恩格斯全集》第2卷,人民出版社1957年版,第436页。
[3] 《马克思恩格斯全集》第3卷,人民出版社2002年版,第570页。
[4] 《马克思恩格斯全集》第16卷,人民出版社2007年版,第478页。

三、舆论是权力组织和当权者的制约力量

马克思和恩格斯对舆论在权力组织和当权者行使权力方面的监督和制约功能给予了高度关注,在多个著作中进行了阐述。他们认为,在现代精神交往十分广泛、普遍和深入的情况下,权力组织和当权者在行使权力的时候要考虑民众支持与否,舆论成为对权力组织和当权者的重要监督力量。在《新莱茵报》工作期间,马克思指出:"报刊按其使命来说,是社会的捍卫者,是针对当权者的孜孜不倦的揭露者,是无处不在的耳目。"①

一方面,舆论对政府、议会等权力组织有监督和制约作用。舆论对于权力组织的制约主要是通过对其形成民意压力而限制其权力。权力组织受制于舆论的事例在马克思和恩格斯的著作中比比皆是。1860年,奥地利实行新的议会选举,在舆论的压力下,一些反对党和匈牙利民族的代表得以进入议会。恩格斯就此事评论说:"皇帝的恩诏没有骗住任何人。各德意志省的舆论立即迫使旧的市议会(革命后皇帝所任命的)为目前人民投票选举的新人敞开了自己的大门。"②恩格斯多次谈到1848年法国爆发的二月革命的直接原因是舆论发挥了重要作用。当时新闻界揭露了大量基佐内阁专制、腐败的材料,引发了法国民众对其强烈不满。但是基佐内阁对此不予理睬,如恩格斯所说:"在1830年革命后这个时期内,从来还没有出现过这样露骨的厚颜无耻和对社会舆论的蔑视"③,"任

---

① 《马克思恩格斯全集》第6卷,人民出版社1961年版,第275页。
② 《马克思恩格斯全集》第15卷,人民出版社1963年版,第250页。
③ 《马克思恩格斯全集》第4卷,人民出版社1958年版,第30页。

何这样的内阁在社会舆论的压力下都不会站住脚的"①。不到一年时间,基佐内阁和整个七月王朝便覆灭了。19世纪中后期的德国,尽管政治上当权的是王室和容克地主,但当权者的决策实际上受制于资产阶级的舆论。恩格斯认为,资产阶级"在德国是作为'社会舆论'间接地掌握着国家政权"②。对于权力组织而言,没有获得舆论的支持,其权力是相当有限的。正如马克思评价 1850 年法国资产阶级国民议会时所说:"国民议会已经没有内阁,没有军队,没有人民,没有社会舆论,……没有眼睛,没有耳朵,没有牙齿,没有一切。"③

另一方面,舆论对当权者个人有着较强的监督和制约作用。马克思和恩格斯多次提及当权者个人也会受到舆论力量的牵制,不能随心所欲行使自己的权力,甚至会迫于舆论的压力反复修改自己的政策。1853 年,英国财政大臣格莱斯顿宣布取消报纸副刊税。由于有这种副刊的只有《泰晤士报》一家,消息一经发出便迅速引起舆论哗然。舆论的激烈反应迫使格莱斯顿修改原来提出的收税方案。马克思指出,因为"他慑于舆论的压力,又建议对所有的单增刊免税"④。1870 年,恩格斯在《普鲁士的自由射手》中谈到 1809 年拿破仑枪杀 11 名普鲁士军官俘虏一事,认为普鲁士国王受到了舆论的制约,不得不向舆论低头:"当今普鲁士国王的父亲在军队内外舆论的压力下曾不得不违背自己的意愿,在这 11 名自由射手的墓地上为他们树立了纪念碑。"⑤

---

① 《马克思恩格斯全集》第 4 卷,人民出版社 1958 年版,第 206 页。
② 《马克思恩格斯选集》第 1 卷,人民出版社 2012 年版,第 86 页。
③ 《马克思恩格斯全集》第 11 卷,人民出版社 1995 年版,第 197 页。
④ 《马克思恩格斯全集》第 12 卷,人民出版社 1998 年版,第 159 页。
⑤ 《马克思恩格斯全集》第 17 卷,人民出版社 1963 年版,第 215 页。

此外，舆论，特别是工人舆论，对于从事工人运动的社会活动家也有制约和监督作用。1890年，尼德兰社会民主联盟领袖纽文胡斯就儿子赎免兵役一事征求恩格斯的意见。恩格斯要求他观察工人舆论的反应，"在这种个别情况下，有决定意义的应该是，您的这一行动会给党内同志以及还在党外的一切工人群众造成什么样的印象；工人们的舆论对这件事是毫不介意呢，还是因此而反对社会民主党"①。恩格斯曾告诫俄国早期的马克思主义者，"如果俄国运动能比较公开地在西欧广泛的舆论面前发展起来，而不是躲在与世隔绝的小团体内从而有利于阴谋活动和各种各样的诡计，难道俄国运动本身不会赢得胜利吗？"②

四、舆论是普遍的社会活动的监督力量

在现代资本主义社会，人们交往的范围和频率大大增加，"在这种社会条件下，平等、自由的意识成为国民的牢固成见，所有人都有权自由地活动，同时每个人的活动又都受到其他人的评价"③。舆论作为一种特殊的精神交往方式，日趋成为一种普遍的监督力量，让每个人都感受到其无形的制约和压力。

马克思和恩格斯多次论及舆论的这种普遍的社会监督作用。马克思有形象的描述："一切生物只有在开阔的室外环境中才能繁茂，真正的政治会议也只有在公众精神的密切保护下才能昌盛。"④ 1845年，恩格斯参与创办《社会明镜》月刊并指出："我们将无情地

---

① 《马克思恩格斯全集》第37卷，人民出版社1971年版，第503页。
② 同上书，第388页。
③ 陈力丹：《精神交往论——马克思恩格斯的传播观》(修订版)，中国人民大学出版社2016年版，第150页。
④ 《马克思恩格斯全集》第1卷，人民出版社1995年版，第162页。

把每一个压迫工人的事件提交舆论谴责。"①马克思和恩格斯主动通过"诉诸公众""诉诸公论"等方式寻求舆论监督,借助舆论的力量给对方压力和制约。1850年,英国当局允许普鲁士的密探在英国境内跟踪普鲁士的流亡者。马克思和恩格斯充分利用当时英国较为自由的舆论环境,在报纸上公开发布有关跟踪的材料,认为"我们能够用来对付不列颠政府这种步骤的最好办法莫过于公开地诉诸于社会舆论"②,并在多家报纸上发表《致英国各报刊的声明》,希望英国的社会舆论能够作出公正的评价。1871年,面对政敌布莱德洛在演说和报纸上的诽谤,马克思公布了布莱德洛以前私下致自己的信,并指出:"他以小经纪人那种不体面的圆滑伎俩,企图把我弄上'公意法庭'"③,"现在,我在促使他的这封信得到最广泛的传播,来'把他交给'德国公众。"④马克思通过将布莱德洛的险恶用心和卑劣行径公之于众,用诉诸舆论的方式维护了自己的声誉。

马克思和恩格斯还认为舆论是执行社会审判的无形机构,具有审判功能,并将其形象地比喻为"舆论的陪审团""名誉审判席""批判的法庭"等。1851年春,普鲁士政府以柏林警察总监卡尔·辛凯尔迪为首,同时包括行政、外交部门在内的庞大机构,对共产主义者同盟的活动进行严密监视。之后,共产主义者同盟的11名成员先后在莱比锡和科隆被捕。普鲁士当局于1852年10月4日至11月12日在科隆以"密谋叛国"的罪名对被捕者进行审判。在

---

① 《马克思恩格斯全集》第42卷,人民出版社1979年版,第415页。
② 《马克思恩格斯全集》第7卷,人民出版社1959年版,第370页。
③ 《马克思恩格斯全集》第17卷,人民出版社1963年版,第524页。
④ 同上书,第514页。

伪造文件和假证词被揭穿的情况下,法庭仍然对7名被告分别处以3年至6年的徒刑①。普鲁士当局不仅制造了臭名昭著的科隆共产党人案,还在全欧洲大肆宣扬被告的"共产主义阴谋"。马克思为此专门撰写了《揭露科隆共产党人案件》的小册子,对普鲁士政府的卑劣迫害行为进行揭露和批判,并提出"舆论陪审团"的喻证。马克思写道:"在进行了一年半的审前侦查之后,陪审员们需要客观的犯罪构成,以期在舆论面前洗刷自己"②,"由于内阁对侦查的过程进行直接干涉,由于暗示将有出乎意料的骇人听闻的事件,由于大肆吹嘘什么全欧洲性的密谋已被揭穿,由于令人发指地虐待被捕者,这个案件便扩大成为一个大案,成为欧洲报刊注意的中心,公众的猜疑的好奇心达到了顶点。普鲁士政府已经使自己陷入了这样一种境地:原告方面为了顾全面子不得不提出证据,而陪审团为了顾全面子也不得不要求证据。陪审团本身已经站在另一个陪审团——社会舆论的陪审团面前。"③"随着警察当局的秘密一步步地被揭穿,舆论就越来越支持被告"④,就连一直支持当局的《科隆日报》也"已经认为自己不得不向舆论低头,转过身来反对政府"⑤。在马克思和恩格斯看来,舆论具有的这种强大的审判功能,在法治并不健全的资本主义社会,有时也会导致一些无辜的人被"定罪"。正如恩格斯所说:"只要社会舆论及其正义感允许,这些决议容许一个诚实人可因完全无辜的行为而带上罪犯的烙印。"⑥

---

① 陈力丹:《马克思主义新闻观百科全书》,中国人民大学出版社2018年版,第97页。
② 《马克思恩格斯全集》第11卷,人民出版社1995年版,第542页。
③ 同上书,第477页。
④⑤ 同上书,第540页。
⑥ 《马克思恩格斯全集》第3卷,人民出版社2002年版,第408页。

五、舆论是党内批评的强大思想武器

舆论作为一种普遍的、隐蔽的和强制的力量,在工人运动和无产阶级政党内部同样发挥着重要的作用。马克思和恩格斯从来不认为党内有任何人属于"超然"的存在,可以凌驾于党内批评与舆论监督之上。通过批评和自我批评,可以揭露党的肌体中的痈疽,使党永远保持青春和活力。恩格斯特别重视党内批评,曾深刻地指出:"每一个党的生存和发展通常伴随着党内较为温和的派别和较为极端的派别的发展和相互斗争,谁如果不由分说地开除较为极端的派别,那只会促进这个派别的发展。工人运动的基础是最尖锐地批评现存社会,批评是工人运动的生命要素,工人运动本身怎么能逃避批评,禁止争论呢?难道我们要求别人给自己以言论自由,仅仅是为了在我们自己队伍中又消灭言论自由吗?"①为了更好地开展批评,马克思和恩格斯确立了党内自由交换意见的原则。恩格斯认为,"党已经很大,在党内绝对自由地交换意见是必要的"②,"让全党哪怕一年有一次发表自己意见的机会,一般说来也是重要的。这样做任何时候都是必要的,而现在则更加必要"③。他强调,"对党员——不管他们是谁——在这种或那种场合的行为可以有自己的看法,在某个理论问题上也可以有意见分歧和争论,这是完全正常的"④,"讨论各种不同意见不仅是必然的,而且是必要的"⑤。

作为舆论的重要载体,党报党刊在党内批评监督中发挥着重

---

① 《马克思恩格斯选集》第 4 卷,人民出版社 2012 年版,第 595 页。
② 《马克思恩格斯全集》第 37 卷,人民出版社 1971 年版,第 435 页。
③ 《马克思恩格斯全集》第 38 卷,人民出版社 1972 年版,第 474 页。
④ 《马克思恩格斯全集》第 35 卷,人民出版社 1971 年版,第 221 页。
⑤ 《马克思恩格斯全集》第 33 卷,人民出版社 1973 年版,第 263 页。

要作用。恩格斯指出:"要使人们不要再总是过分客气地对待党内的官吏——自己的仆人,不要再总是把他们当做完美无缺的官僚,百依百顺地服从他们,而不进行批评。"①在致卡尔·考茨基的信中,恩格斯指出:"担心这封信会给敌人提供武器,证明是没有根据的。恶意的诽谤当然是借任何理由都可以散布的。但是总的说来,这种无情的自我批评引起了敌人极大的惊愕,并使他们产生这样一种感觉:一个能给自己奉送这种东西的党该具有多么大的内在力量呵!"②马克思和恩格斯多次强调,党报要把监督党的领导人、批评他们的缺点错误看作一种神圣使命,并对阻挠党的报刊履行监督批评使命的言行深恶痛绝,甚至将其同反动派的书报检查相提并论。

　　列宁作为马克思和恩格斯舆论思想的忠实实践者和继承发展者,对舆论在党内批评中的作用高度重视,提出了"舌头自由""同志般的论战""批评自由和行动一致"等喻证。列宁认为,思想上的统一不是下一个命令就能够办到的,而必须让各种理论和各种观点展开论战。只有论战、争论、斗争,才能分清是非,划清界限,真正坚持马克思主义。针对部分人员担心展开论战会被敌人利用、误伤同志等,列宁回答说:"如何划清健康的、有益的倾向与有害的倾向之间的界限呢?局限于口头上的争论是不行的,……在通信中和讨论会上反正早已对问题展开争论,害怕在报刊上分析探讨,岂不可笑吗?为什么在会议上争论和写信是可以的,而在刊物上澄清争论的问题却是一种'最恶劣的行径……'呢?"③列宁曾形象地指出:

---

① 《马克思恩格斯全集》第 38 卷,人民出版社 1972 年版,第 33 页。
② 同上书,第 36 页。
③ 《列宁全集》第 44 卷,人民出版社 2017 年版,第 62 页。

"公开揭穿是一把利剑,它自己可以治疗它所带来的创伤。……在进行一场严重的会战时,战场附近不可能没有野战医院。但是因为看到'野战医院的'情景就害怕起来或者紧张起来,那是绝对不能原谅的。你怕狼,就别到森林里去。"①列宁就如何开展好党内思想斗争提出了批评自由和行动一致的原则。他指出:"在统一的党内进行的这种思想斗争,不应该分裂组织,不应该破坏无产阶级行动的一致。这在我们党的实践上还是一个新的原则,因此,要正确地加以贯彻还要做很多工作。讨论自由,行动一致,这就是我们应该努力做到的。"②1906 年 6 月 2 日,列宁发表了《批评自由和行动一致》专门文章,对该原则的内涵进行了详细阐述。他指出:"在党纲的原则范围内,批评应当是完全自由的……不仅在党的会议上,而且在广大群众性的集会上都是如此。禁止这种批评或这种'鼓动'(因为批评和鼓动是分不开的)是不可能的。党的政治行动必须一致。不论在广大群众性的集会上,不论在党的会议上或者在党的报刊上,发出任何破坏已经确定的行动一致的'号召'都是不能容许的。"③

苏维埃政权在俄国建立后,列宁更加重视发挥舆论对党内监督的作用。在建立政权后的第二天,列宁就宣布:"我们愿意让政府时时受到本国舆论的监督。"④列宁要求报刊应当成为苏维埃政权"加强劳动者的自觉纪律、改变资本主义社会陈旧的即完全无用的工作方法或偷懒方法的首要工具,它应当揭露每个劳动公社经

---

① 《列宁全集》第 23 卷,人民出版社 2017 年版,第 53 页。
② 《列宁全集》第 13 卷,人民出版社 2017 年版,第 63 页。
③ 同上书,第 129 页。
④ 《列宁全集》第 26 卷,人民出版社 2017 年版,第 232 页。

济生活中的缺点,无情地抨击这些缺点,公开揭露我国经济生活中的一切弊病"①。列宁要求"各社会主义政党要把那些不接受整顿自觉纪律和提高劳动生产率的任何号召和要求的企业和村社登上黑榜,把它们或者列为病态企业,要采取特别的办法(特别的措施和法令)把它们整顿好,或者列为受罚企业,把它们关闭,并且应当把它们的工作人员送交人民法庭审判"②。

---

① 《列宁全集》第 34 卷,人民出版社 2017 年版,第 136 页。
② 《列宁全集》第 34 卷,人民出版社 1985 年版,第 138 页。

第四章 舆论纸币

在马克思和恩格斯生活的时代,报刊是最重要的大众媒介。马克思和恩格斯对报刊的舆论功能有着非常深刻的认识。他们认为,报刊是"社会舆论的产物,同样,它也制造社会舆论,唯有它才能使一种特殊利益成为普遍利益"[1],"把物质斗争变成思想斗争,把血肉斗争变成精神斗争,把需要、欲望和经验的斗争变成理论、理智和形式的斗争,所以,报刊才成为文化和人民的精神教育的极其强大的杠杆"[2]。正是凭借这一杠杆作用,报刊成为舆论的重要载体。1848年,马克思在《〈新莱茵报〉创办发起书》中指出:"报刊最适当的使命就是向公众介绍当前形势、研究变革的条件、讨论改良的方法、形成舆论、给共同的意志指出一个正确的方向。"[3]在《卡尔·马克思主编的〈新莱茵报·政治经济评论〉召股启事》中,马克思进一步指出:"只有能够使各期之间出版间隔缩短,这个企业才能完全达到自己的目的,才能持续不断地影响舆论,在经济方面也才能有很大的希望。"[4]1849年,马克思在《新莱茵报》审判案中更加鲜明地指出:"报刊按其使命来说,是社会的捍卫者,是针对当权者

---

[1] 《马克思恩格斯全集》第1卷,人民出版社1995年版,第378页。
[2] 同上书,第329页。
[3] 《马克思恩格斯全集》第43卷,人民出版社1982年版,第489页。
[4] 《马克思恩格斯全集》第10卷,人民出版社1998年版,第708—709页。

的孜孜不倦的揭露者,是无处不在的耳目,是热情维护自己自由的人民精神的千呼万应的喉舌。"①

马克思和恩格斯十分重视通过创办革命报刊来开展舆论斗争,把革命报刊看作"在报刊领域能够以同等的武器同自己的敌人作斗争的第一个阵地"②,强调革命报刊要干预运动,成为运动的喉舌,要同阶级敌人作斗争,要战胜形形色色的机会主义思潮。他们认为:"报纸最大的好处,就是它每日都能干预运动,能够成为运动的喉舌,能够反映丰富多彩的每日事件,能够使人民和人民的日刊发生不断的、生动活泼的联系。"③恩格斯对自己利用报刊开展舆论斗争的经历津津乐道,谈到为《新莱茵报》撰稿时说:"这是革命的时期,在这种时候从事办日报的工作真是一种乐趣。你会亲眼看到每一个字的作用,看到文章怎样简直像榴弹一样击中目标,看到打出去的炮弹怎样爆炸。"④恩格斯谈到为《德国社会民主党人报》撰稿时指出:"这同样是一个革命的时期,从党在维登代表大会上重新恢复并且此后'用一切手段'——合法的和不合法的——又重新开始斗争时起。《社会民主党人报》就是这种不合法性的体现。"⑤

1848年法国二月革命爆发后,各个党派陷入了纷争。在此背景下,1850年4月,法国政府开始着手制定新的新闻出版法。政府提案中"规定要增加保证金,规定对报纸副刊上登载的小说征收特别印花税(这是对欧仁·苏当选的报复),规定对周刊和月刊上发表的所有达到一定页数的作品都要征税,最后,规定报刊上的每一

---

① 《马克思恩格斯全集》第6卷,人民出版社1961年版,第275页。
② 《马克思恩格斯全集》第29卷,人民出版社2020年版,第617页。
③ 《马克思恩格斯全集》第10卷,人民出版社1998年版,第115页。
④⑤ 《马克思恩格斯全集》第29卷,人民出版社2020年版,第88页。

篇文章都要有作者署名"①。1850年11月,马克思和恩格斯在合写的《国际述评(三)》中专门提到了提案中增加保证金、征收印花税和要求报刊文章署名等不合理之处,并进行了批判。他们指出:"当报刊匿名发表文章的时候,它是广泛的无名的社会舆论的工具;它是国家中的第三种权力。每篇文章都署名,就使报纸仅仅成了或多或少知名的人士的作品集。每一篇文章都降到了报纸广告的水平。以前,报纸是作为社会舆论的纸币流通的,现在报纸却变成了多少有点不可靠的单户票据,它的价值和流通情况不仅取决于开支票者的信用,而且还取决于背书人的信用。"②在这里,马克思和恩格斯正式提出了"舆论纸币"的概念,虽然针对的是当时法国新闻出版法规定的文章署名带来的问题,但"报纸是作为社会舆论的纸币流通的"这一精辟论述深刻揭示了报刊与舆论的关系,蕴含着丰富的内涵。

一、报刊是反映和表达社会舆论最重要的载体

作为公众意见的集合,舆论的反映、表达、扩散等需要依附于一定的载体和介质。在马克思和恩格斯生活的时代,报刊是社会舆论最重要的载体。马克思和恩格斯经常用报刊来代表舆论,为说明舆论的看法而拿报刊作为依据。在谈到意大利的舆论时,马克思指出:"如果相信英国、意大利和法国报纸的报道,那末那不勒斯的舆论便是本国实际情况的 fac simile[真实反映]。"③在论及《泰晤士报》和英国舆论的关系时,马克思和恩格斯认为:"伦敦《泰

---

①② 《马克思恩格斯全集》第10卷,人民出版社1998年版,第232页。
③ 《马克思恩格斯全集》第13卷,人民出版社1962年版,第178页。

晤士报》登上了英国国家报纸的地位,在其他国家面前成了所谓英国舆论的代表。"①马克思和恩格斯多次提及地区、民族的报刊也在一定程度上代表着某一地区、民族的舆论,如"莱茵报纸应该表达莱茵省的精神"②、"伦敦各家日报……代表着自诩为世界上最讲求实际的民族的舆论"③等。马克思曾就报刊的载体作用打过一个比方,把社会舆论比作袋子,把报刊比作驮袋子的驴,换言之,报刊是驮袋子——"驮社会舆论"——的驴子。他以此说明报刊是反映和表达社会舆论的载体,社会舆论和报刊的关系就是袋子和驴子的关系④。

舆论是不同阶级和阶层的产物,代表不同阶级和阶层的利益和要求,具有鲜明的阶级性特征。不同的舆论会找到相应的报刊作为自己的载体,报刊也就成为一定阶级、阶层、党派、利益集团舆论的代表。马克思说:"具有各种不同信念和处于最深刻的对立之中的舆论定会找到相应的报刊。"⑤恩格斯以自己影响舆论的经验表达过类似的观点:"我们向一切自由派报纸提供必需的材料,从而把它们变成了我们的喉舌;我们让各种小册子在全国涌现,很快就在每个问题上控制了社会舆论。"⑥同时,各种报刊由于编辑方针和出版人立场不同,也会选择反映与表达不同的舆论⑦。马克思在《伦敦〈泰晤士报〉和帕麦斯顿勋爵》中谈道,19世纪60年代英国帕麦斯顿首相在制定与实行外交政策时,"贵族为

---

① 《马克思恩格斯全集》第15卷,人民出版社1963年版,第336页。
② 《马克思恩格斯全集》第1卷,人民出版社1995年版,第310页。
③ 《马克思恩格斯全集》第13卷,人民出版社1998年版,第704页。
④ 童兵:《舆论和舆论载体——报刊》,《新闻与写作》1991年第7期。
⑤ 《马克思恩格斯全集》第1卷,人民出版社1995年版,第949页。
⑥ 《马克思恩格斯全集》第3卷,人民出版社2002年版,第491页。
⑦ 童兵:《马克思主义新闻经典教程》(第二版),复旦大学出版社2009年版,第137页。

资产阶级动手,而报界则为它用脑",《泰晤士报》在英国对外政策方面的活动"完全是为了制造符合于帕麦斯顿勋爵的对外政策的舆论"①。

二、报刊的匿名表达

马克思和恩格斯一直倡导报刊要以匿名形式发表文章,认为不署名的文章才能使个别意见转化为理性观点,使特殊利益转化为普遍利益,报刊才能成为"广泛的无名的社会舆论的工具"②。在《摩泽尔记者的辩护》中,马克思指出:"我确信不署名是由新闻业的实质所决定的,因为不署名可以使报纸由许多个人意见的集合点转变为表达一种思想的喉舌。正如身体可以使一个人同另一个人截然区分开来一样,作者的名字也可以使一篇文章同另一篇文章截然区分开来,而这样一来,他的名字也就彻底勾销了那篇文章所赋有的仅仅作为构成整体的一部分的使命。最后,不署名不仅可以使作者自己,而且还可以使读者更加公正、更加自由,因为这样读者就不是着眼于说话的人,而是着眼于这个人所说的事,读者就摆脱了作为经验的人而存在的作者的影响,而仅以作者的精神人格作为自己判断的尺度。"③

1850年,马克思和恩格斯在《国际述评(三)》中对此进行了对比式论证,指出当报刊匿名发表文章的时候,报刊是"广泛的无名的社会舆论的工具"和"国家中的第三种权力",而每篇文章都署名就使报纸成了"或多或少知名的人士的作品集",每一篇文章也都

---

① 《马克思恩格斯全集》第15卷,人民出版社1963年版,第336—337页。
② 《马克思恩格斯全集》第10卷,人民出版社1998年版,第232页。
③ 《马克思恩格斯全集》第1卷,人民出版社1995年版,第359页。

降到了"报纸广告的水平"①。他们指出，匿名表达的报纸是作为社会舆论的纸币流通的，代表着真正的舆论，而每篇文章都署名的报纸则成了"多少有点不可靠的单户票据"②。在这里，马克思和恩格斯用"纸币"的匿名性和"单户票据"的非匿名性进行类比：匿名表达的报纸像不署名流通的"纸币"，其价值完全在于市场的认可；非匿名表达的报纸像署名的"单户票据"，其价值多是来自开具票据者和背书人的信用，并不是文章本身所承载的价值。在非匿名情况下，"报刊已变成不是表达舆论的工具，而只是一般的属于私人所有的物品了。这时候报刊上运载的所谓舆论，也已失却了客观性和公正性"③。对于报刊而言，匿名发表主要考虑的是摒弃门户之见，以文章本身承载的社会舆论价值为选择标准，而不是以作者的名声为标准，以"名家"代替"名作"；对于作者本人而言，匿名表达可使其不必担心身份公开所带来的风险，从而自由地表达个人意见，同时可以避免某些"知名"人士利用报刊进行自我营销。

三、报刊的流通取决于反映舆论的程度

报刊虽然是社会舆论的重要载体，承载舆论、反映舆论，但并不直接代表舆论，并不完全等同于舆论。马克思和恩格斯认为，报刊只有在流通中才能实现舆论纸币的功能。关于真正的纸币流通，马克思有过两段经典论述："纸币流通的特殊规律只能从纸币是金的代表这种关系中产生。这一规律简单说来就是：纸币的发

---

①② 《马克思恩格斯全集》第 10 卷，人民出版社 1998 年版，第 232 页。
③ 童兵：《舆论和舆论载体——报刊》，《新闻与写作》1991 年第 7 期。

行限于它象征地代表的金(或银)的实际流通的数量"①;"金因为有价值才流通,而纸票却因为流通才有价值"②。纸币之所以能够在市场上流通,是因为其代表了一定数量的金或银,而金银正是相对固定的一般等价物。同样的道理,作为舆论纸币的报刊只有在舆论市场上流通才有价值。如同纸币的流通离不开其代表金银等一般等价物的交换价值,报刊的发行流通取决于其所代表舆论的实际流通的数量。报刊在市场中流通的程度是由其反映舆论的程度决定的。只有客观反映真实的舆论、全面呈现社会的意见,报刊才能够在舆论市场中获得更大范围的流通,进而得到更多受众的认可。"在报刊的实际销售中,一本专门刊载人们不感兴趣材料的杂志或一份只刊载假消息、强奸民意的报纸,是不会拥有广泛读者的。"③报刊一旦失去了民众的信任,就如同"印了字的草纸"一般,毫无舆论载体的功能可言。

还有一类纸币,在流通市场运转良好时,它能发挥流通作用。这类纸币可以流通,并不在于谁下了一道命令,而在于它当时实际上能够代表一定量的金或银。一旦纸币滥发,超出了流通的实际需要量,它便立即贬值。牵动它的不是法律赋予它的特权地位,而是市场价值规律④。马克思以普鲁士纸币为例,对这一现象进行说明:"普鲁士的纸塔勒,法律上虽然规定不兑现,但是,当它在日常流通中低于银塔勒,因而实际上不能兑现时,就立刻贬值。"⑤报刊的流通有类似的现象。报刊的生命力和公信力在于其反映舆论的

---

① 《马克思恩格斯全集》第 44 卷,人民出版社 2001 年版,第 150 页。
② 《马克思恩格斯全集》第 31 卷,人民出版社 1998 年版,第 516 页。
③④ 陈力丹:《精神交往论——马克思恩格斯的传播观》(修订版),中国人民大学出版社 2016 年版,第 164 页。
⑤ 《马克思恩格斯全集》第 31 卷,人民出版社 1998 年版,第 477 页。

程度,在于忠实地、准确地、自由地(没有外界压力)表达社会舆论,反映社会舆论,依靠外力的强加干涉并不能获得更广泛的流通和受众的认可。正因为如此,马克思和恩格斯认为,报刊需要得到人民的支持和信任,"民众的承认是报刊赖以生存的条件,没有这种条件,报刊就会无可挽救地陷入绝境"[①]。

　　马克思和恩格斯指出,忠实地表达社会舆论是报刊取信于人民而赖以生存的条件。由于报刊自身的阶级性及代表不同的党派、集团利益,并不是所有的报刊都能很好地反映舆论。马克思将能否代表社会舆论作为评判"好报刊"与"坏报刊"的重要标准。马克思指出,一种报刊究竟是"好报刊"还是"坏报刊",取决于"哪一种报刊说的是事实,哪一种报刊说的是希望出现的事实!哪一种报刊代表着社会舆论,哪一种报刊在歪曲社会舆论!"[②]马克思多次对《泰晤士报》等报纸进行批判,认为它们只代表资产阶级的利益,为当局决策鼓与呼,并没有真正代表社会舆论,只是暂时屈从于舆论。马克思甚至称这些报纸为"黄裤奴"和"婆罗门"。

---

① 《马克思恩格斯全集》第 1 卷,人民出版社 1995 年版,第 381 页。
② 同上书,第 398 页。

第五章　制造社会舆论

作为一般关系的实际的体现和鲜明的表现,舆论是自发形成、自在存在的社会意识形态,具有很强的自发性、盲目性特征。公众在表达意见态度时,难免会受到阶级立场、自身利益、党派力量、文化传统等因素的影响,社会舆论也经常裹挟着私利和偏见,有时甚至成为时代的反动力量,阻碍社会的进步。马克思对这种舆论的偏见鲜明地表示:"任何的科学批评的意见我都是欢迎的。而对于我从来就不让步的所谓舆论的偏见,我仍然遵守伟大的佛罗伦萨人的格言:走你的路,让人们去说罢!"①

社会舆论的自发性、盲目性和非理性等特征,使其很容易成为权力组织操纵的对象。马克思和恩格斯基于这种认识,对统治阶级对舆论的种种控制行为进行了全面分析,对其中的丑恶行径进行了深刻揭露。

在封建专制时代,权力组织对社会舆论的控制是严厉而直接的,常常采用书报检查、宗教裁判等方式禁止和控制与当局不一致的舆论。"书报检查将发展成专横的管制,发展成对社会舆论的地地道道的压制。"②19世纪30年代末40年代初,德国正处于资产阶级革命的前夜,争取出版自由的斗争不断高涨。与此同时,封建统

---

① 《马克思恩格斯全集》第44卷,人民出版社2001年版,第13页。
② 《马克思恩格斯全集》第2卷,人民出版社2005年版,第468页。

治者对新闻出版界实行严格的书报检查制,毫不留情地惩处不一致意见,"必须制止一部分不良报刊通过散布谣言或被歪曲的事实把有关公共事务的舆论引入歧途的倾向","凡是有诱惑的毒素放出来的地方,都必须使它无法为害"①。恩格斯曾这样描述:"在这里,一切信息的来源都在政府控制之下,从贫民学校、主日学校以至报纸和大学,没有事先得到许可,什么也不能说,不能教,不能印刷,不能发表。"②马克思称这一时期的德国报刊是"晚报阶段""精神上的大斋期",惨淡经营的德国报刊只是德国社会星星点点的"沼泽地上的磷火"③。

马克思和恩格斯在《评普鲁士最近的书报检查令》《第六届莱茵省议会的辩论》等文章中对普鲁士当局实行书报检查制度、严厉控制社会舆论的行径进行了无情的批判和揭露。1841年12月24日,普鲁士政府根据新国王威廉四世的诏书颁布了新的书报检查令。新法令打着规范新闻出版、营造健康舆论的旗号,实质上不仅保存了反动的普鲁士书报检查制度,而且强化了对新闻出版的检查和对社会舆论的压制。马克思在《评普鲁士最近的书报检查令》一文中,从笔调、倾向、功能和才能四个方面,揭露了新法令的虚伪和反动,对普鲁士的书报检查制度进行了批判。他认为,新的书报检查令代表封建贵族的意志和利益,把公民原有的自由权利过渡给政府机关。马克思以酣畅淋漓的笔调斥责新法令的虚伪:"你们赞美大自然令人赏心悦目的千姿百态和无穷无尽的丰富宝藏,你们并不要求玫瑰花散发出和紫罗兰一样的芳香,但你们为什么却

---

① 《马克思恩格斯全集》第1卷,人民出版社1995年版,第318页。
② 《马克思恩格斯全集》第11卷,人民出版社1995年版,第16页。
③ 童兵:《马克思主义新闻经典教程》(第二版),复旦大学出版社2009年版,第71页。

要求世界上最丰富的东西——精神只能有一种存在形式呢?……一片灰色就是这种自由所许可的唯一色彩。每一滴露水在太阳的照耀下都闪现着无穷无尽的色彩。但是精神的太阳,无论它照耀着多少个体,无论它照耀什么事物,却只准产生一种色彩,就是官方的色彩!"①针对新法令对新闻出版自由的摧残,马克思总结道:"整治书报检查制度的真正而根本的办法,就是废除书报检查制度,因为这种制度本身是恶劣的,可是各种制度却比人更有力量。"②在《第六届莱茵省议会的辩论(第一篇论文)》中,马克思继续揭露和抨击普鲁士封建专制对舆论的压制。他认为,受检查的报刊"伪善、怯懦、阉人的语调和摇曳不停的狗尾巴"③只能对当权者阿谀奉承、歌功颂德,是"文明化的怪物,洒上香水的畸形儿"④;自由报刊则具有自由赋予的"刚毅的、理性的、道德的本质"⑤,是"人民精神的洞察一切的慧眼,是人民自我信任的体现,是把个人同国家和世界联结起来的有声的纽带,是使物质斗争升华为精神斗争,并且把斗争的粗糙物质形式观念化的一种获得体现的文化……是人民用来观察自己的一面精神上的镜子"⑥。

进入现代资本主义社会,资产阶级和当权者对舆论的控制方式日益多样化和隐蔽化。马克思在《资本论》中两次用"恬不知耻"来形容资产阶级想方设法掌控和操纵社会舆论的行径:"随着资本主义生产在工场手工业时期的发展,欧洲的舆论丢掉了最后一点良心和羞

---

① 《马克思恩格斯全集》第1卷,人民出版社1995年版,第111页。
② 同上书,第134页。
③ 同上书,第170页。
④⑤ 同上书,第171页。
⑥ 同上书,第179页。

耻心。各国恬不知耻地夸耀一切加速资本积累的卑鄙行径"①;"在同'社会舆论'或甚至同卫生警察发生冲突时,资本总是恬不知耻地对它强制工人接受的、既危险又使人堕落的条件进行'辩护'"②。马克思和恩格斯对资产阶级和当权者控制社会舆论的种种手段进行了全面揭露和尖锐批评,在其著作中出现了伪造舆论、制造舆论、炮制舆论、指导舆论、动摇舆论、操纵舆论、挑战舆论、对抗舆论、迷惑舆论、稳定舆论、欺骗舆论、控制舆论等多种表述。

一、对资产阶级有意转移社会舆论关注点进行揭露和批判

马克思和恩格斯认为,资产阶级经常会利用内外矛盾有意转移舆论的关注点,进而减轻焦点问题的舆论压力。利用外部矛盾转移民众对内部问题的舆论关注,是其最为常用的方法。例如,1886年俄国国内民主运动高涨,为了转移舆论焦点,俄国政府发动了征服君士坦丁堡的战争,并宣称战争是为了解放斯拉夫人。恩格斯对俄国当局操控舆论的伎俩进行了揭露:"政府用严厉的措施才暂时驱散了虚无主义者并破坏了他们的组织。但是这还不够,它还需要舆论的支持,它必须转移人们对国内日益增长的社会和政治弊端的注意,简言之,它需要一点爱国主义的幻影。"③资产阶级当权派也利用国内事件来转移民众对其对外政策失误的舆论关注。在19世纪50年代克里木战争初期,英国军队备战不力,面临遭受国内舆论谴责的巨大压力。为了转移舆论焦点,内阁提出了"一项使举国惊讶的新改革法案",就连"最热烈的改革派也认为不

---

① 《马克思恩格斯全集》第43卷,人民出版社2016年版,第822页。
② 同上书,第716页。
③ 《马克思恩格斯全集》第28卷,人民出版社2018年版,第380页。

合时宜"①。马克思对此评论道："他们的打算无非是要提出一个最令人感兴趣的国内问题来转移公众对于对外政策的注意,难道这还不清楚吗?"②

有时资产阶级当权派为了转移舆论的视线,甚至不惜故意制造事端。1893年,法国很多"资产阶级共和国的统治者——部长、参议员、众议员——都一无例外地"③深陷巴拿马运河开凿工程受贿丑闻,受到社会舆论的普遍谴责。为了转移舆论视线,他们策划了一起所谓的"阴谋刺杀俄国沙皇"案件。他们把几个波兰侨民说成是"俄国虚无主义者",编造了他们企图刺杀沙皇的故事,将他们驱逐出法国国境,然后在巴黎的资产阶级报刊上大肆宣扬,宣称警察当局破获了一个极其卑鄙的阴谋。恩格斯对资产阶级当权派转移舆论的卑劣行径批评道："到处都掀起这种叫嚣,其用意究竟何在呢?很简单。机会主义和激进主义的资产阶级共和国的统治者……他们都有这样的看法:公众对他们这一方面的龌龊活动已经关注太久了。"④

二、对资产阶级当权派安抚甚至迷惑舆论的行径进行揭露和批判

鉴于舆论作为一种"普遍的、隐蔽的和强制的力量",资产阶级当权派为了不使舆论危及自身,有时不得不在形式上顺应舆论,对舆论进行安抚。马克思和恩格斯称之为减轻舆论压力的"安全阀"。马克思以英国选举为例,对此进行专门揭露。当时英国选举制度对选民有着财产数量的要求,致使大多数工人失去了选举权,

---

①② 《马克思恩格斯全集》第13卷,人民出版社1998年版,第105页。
③ 《马克思恩格斯全集》第29卷,人民出版社2020年版,第441页。
④ 同上书,第441—442页。

引发了工人抗议。为了平息舆论的不满,英国当局保留了一种举行群众集会举手表决的习惯。但这种"举手表决的选举只不过是一种仪式,是对'有主权的人民'的纯粹形式上的礼貌"①,因为"如果享有特权的选民的候选人在举手表决中落选,这些候选人就会要求投票表决。而投票表决则只有享有特权的选民才能参加,只有在投票表决中获得多数选票的人才被宣布正式当选"②。马克思不无嘲讽地指出:"第一次选举,即举手表决的提名是一瞬间给予社会舆论的一种表面上的补偿,而在一瞬间过后则更加有力地向它证明它的软弱无力。"③1855年,英国严重的官僚主义造成军队在克里木战争中惨败,并致使大量伤病员死亡,国内舆论沸腾。英国议会专门成立了"罗巴克委员会"负责进行调查,但调查报告"不是泛泛地指责政治领袖,就是琐碎地列举行政机构的缺陷"④,"用软弱的空泛的语言掩盖了尖锐的问题"⑤。马克思和恩格斯对此直接指出:"一般说来,委员会完成了它作为减轻舆论压力的安全阀的任务。"⑥

资产阶级当权派还经常通过煽动和反复灌输,甚至"造谣和隐瞒的办法"⑦掩盖事实真相,迷惑社会舆论。1854年,英国在决定参加克里木战争之前,内阁并没做好备战工作,但凭借当时首相约翰·罗素虚张声势的游说,达到了迷惑舆论的目的。马克思对此批判道:"约翰勋爵的鼓动性的演说,关于英国的荣誉的喧嚣,对俄国的背信弃义所表示的巨大的愤慨,巡航于塞瓦斯托波尔和喀琅施塔得城墙下的英国浮动炮台的幻影,炫示武力,军队虚张声势地登船——这些戏剧性的事件把公众弄得糊里糊涂,在他们的眼前搅

---

① ② ③ 《马克思恩格斯全集》第11卷,人民出版社1995年版,第412页。
④ ⑤ ⑥ 《马克思恩格斯全集》第14卷,人民出版社2013年版,第489页。
⑦ 《马克思恩格斯全集》第15卷,人民出版社1963年版,第338页。

起了一团迷雾,使他们除了自己的幻觉以外什么也看不见。"①当这些煽动性的言论效果不够明显时,资产阶级当权派往往采用反复灌输看似矛盾的观点,迷惑公众的认知。1861年,英国政府准备参与西班牙对墨西哥的干涉行动,但国内舆论对此并不感兴趣,要把政府的计划直接塞给公众是有困难的。为了使舆论顺从政府意图,英国时任首相帕麦斯顿通过自己控制的报纸,对公众进行了一个月的反复灌输,"把一些互相矛盾的说法使英国大象糊涂起来,这些说法是同一个制造场用同样的材料炮制的,只不过在使用时分量有所不同而已"②。在这种反复灌输下,公众舆论被迷惑了,多数人在事后才意识到自己被愚弄了。马克思形象地指出:"'泰晤士报'和'晨邮报'发出暗示之后,约翰牛随即被转交给政府的第二流宣谕官,他们不停地用同样矛盾的话把他折磨了4星期之久,直到舆论对联合干涉墨西哥的观念终于变得十分熟习为止,尽管仍然小心地使它对远征的目的与意图茫无所知。"③

三、对资产阶级当权派蓄意组织和制造舆论进行揭露和批判

对于资产阶级当权派通过集会、报刊等方式蓄意组织和制造舆论以控制真实舆论的做法,马克思和恩格斯极度不能容忍,对其进行了严厉的揭露、指责和批判。1855年,得到部分英国议员支持的行政改革协会举行了一次集会,试图以此说明舆论对它的支持。马克思对此带着厌恶和嘲讽的口吻写道:"行政改革协会昨天在德留黎棱剧院组织了一次大型集会,然而,有必要指出,这不是公开

---

① 《马克思恩格斯全集》第13卷,人民出版社1998年版,第104页。
② 《马克思恩格斯全集》第15卷,人民出版社1963年版,第387页。
③ 同上书,第388页。

的集会,而是需要入场券的集会,即只有手持入场券的特邀者才能参加的集会。因此,先生们完全无拘无束,就像是'在自己家里'。他们公开声称,这次集会是为了给'舆论'吹吹风。然而,为了防卫这种舆论不受外来的风吹袭,在德留黎棱剧院的入口处布置了半个连的警察。只是在警察和入场券的保卫下舆论才敢于成为舆论,这是组织得多么微妙的舆论啊!"①恩格斯也多次对当权者组织舆论的行径进行揭露。1843年,奥格斯堡《总汇报》将反谷物法同盟在德留黎棱剧院召开的大会决议说成是舆论的意见,恩格斯对此进行了严厉的批判:"谁被允许参加这些集会呢?只有同盟盟员或者持有同盟发给的入场券的人。就是说,任何一个反对党在这里都没有进行有效反对活动的机会,因此也没有人弄到入场券","同盟多年来召开的就是这种后来所谓'公开的'集会,它在这些会上自己祝贺自己的'进展'","只有无头脑的轻率的记者才会对这个问题作出肯定的回答,对他说来,德鲁里街就是公众,而靠鼓噪招徕会众的集会就是社会舆论"②。

部分资产阶级当权者认为舆论是可以制造出来的,试图反复宣传自己的意见并伪装成社会舆论。马克思和恩格斯在其著作中有近20次提到"制造舆论",除一处指在原有舆论的基础上扩大这种舆论外,其他都带有批评的意味③。马克思曾讽刺一些小资产阶级用金钱制造舆论的做法:"英国重商主义之风把这些庸俗的头脑吹到多么荒唐的思路上去。既然这里的一切,甚至'舆论',都是靠

---

① 《马克思恩格斯全集》第14卷,人民出版社2013年版,第471页。
② 《马克思恩格斯全集》第3卷,人民出版社2002年版,第428—429页。
③ 陈力丹:《精神交往论——马克思恩格斯的传播观》(修订版),中国人民大学出版社2016年版,第158页。

股份制造的,那为什么不来一个'促进革命'的股份公司呢?"①马克思多次写文章批评英国时任首相帕麦斯顿利用报刊制造舆论的行径:"至于《晨邮报》所说的'舆论',正像人们公正地指出的,其中一半是帕麦斯顿制造的,而对另一半,他则一笑置之"②;"英国人民对于本国的对外政策所能谈的,却正如月球上的居民一样多。以《泰晤士报》等为代表的舆论,是帕姆老头子本人自行'规定'的"③。

在现代资本主义社会,舆论具有较强的自发性和非理性特征,极易被资产阶级当权派各种制造舆论的伎俩左右。马克思和恩格斯站在无产阶级的立场上对此进行了无情的批判和揭露。但这并不代表他们因此而放弃了社会舆论。恰恰相反,他们针对资产阶级当权派制造舆论、迷惑公众、掩盖事实的做法,主张工人阶级要赢得自身的解放,就必须同资产阶级和当权派进行坚决的舆论斗争。"只有斗争才能不仅使政府,而且使人民、使报刊自己相信报刊具有真正的和必然的存在权利。只有斗争才能表明,这种权利究竟是一种让步还是一种必然,是一种幻觉还是一种真实。"④

马克思和恩格斯反复强调占领舆论阵地的重要性,认为在舆论斗争中要主动占领一切自由的舆论阵地,否则就会将这些阵地白白送给资产阶级。他们指出,要积极争取自由派的报纸,让其成为工人阶级宣传阵地。正如恩格斯所说:"我们向一切自由派报纸提供必需的材料,从而把它们变成了我们的喉舌;我们让各种小册子在全国涌现,很快就在每个问题上控制了社会舆论。"⑤马克思明

---

① 《马克思恩格斯全集》第19卷,人民出版社2006年版,第412页。
② 《马克思恩格斯全集》第16卷,人民出版社2007年版,第96页。
③ 《马克思恩格斯全集》第30卷,人民出版社1975年版,第663页。
④ 《马克思恩格斯全集》第1卷,人民出版社1995年版,第353—354页。
⑤ 《马克思恩格斯全集》第3卷,人民出版社2002年版,第491页。

确提出:"我认为现在极其重要的是使我们的党在一切可能的地方占领阵地,哪怕暂时只是为了不让别人占领地盘。"①

马克思和恩格斯十分重视通过创办革命报刊来开展舆论斗争,把革命报刊看作"在报刊领域能够以同等的武器同自己的敌人作斗争的第一个阵地"②,强调革命报刊要干预运动,成为运动的喉舌,要同阶级敌人作斗争,要战胜形形色色的机会主义思潮。

马克思和恩格斯主张无产阶级政党的报刊仅仅宣传无产阶级自己的特殊观点还不够,还要代表广大社会民众的意见,代表社会舆论,影响社会舆论,要成为"广泛的无名的社会舆论的工具"③。恩格斯在总结《新莱茵报》办报经验时指出,如果只强调自己的特殊的无产阶级观点,而不承认报纸的社会性,就会变成"沙漠中的布道者"④。马克思要求:"平常向代表社会舆论的任何新机关报提出的要求是:对于它在原则上同意的党派采取热烈支持的态度,无条件地相信这个党派的力量,时刻准备用实际力量来维护它的原则或者用原则的光辉来掩盖实际的软弱无力。我们将不以这个要求为满足。我们将不用虚伪的幻想去粉饰所遭到的失败。"⑤

---

① 《马克思恩格斯全集》第29卷,人民出版社1972年版,第569页。
② 《马克思恩格斯全集》第29卷,人民出版社2020年版,第617页。
③ 《马克思恩格斯全集》第10卷,人民出版社1998年版,第232页。
④ 《马克思恩格斯全集》第28卷,人民出版社2018年版,第21页。
⑤ 《马克思恩格斯全集》第5卷,人民出版社1958年版,第25页。

第二编

毛泽东思想中的舆论理论

第六章 舆论动员

在新民主主义革命时期,由于长期受三座大山的压迫,我国普通民众的受教育程度很低,文盲率很高,"不识字、无文化"在广大工农兵中成为一种普遍现象。特别是作为革命同盟军的广大农民,由于长期受封建落后腐朽思想的毒害,小农意识较为浓厚,思想上相对保守、愚昧,组织上涣散,行动上盲从、被动,"井里蛤蟆井里跳"的现象较为普遍。即使"在一百五十万人口的陕甘宁边区内,还有一百多万文盲,两千个巫神,迷信思想还在影响广大的群众"①。这与扩大斗争、夺取全国革命胜利的任务是相冲突的。在此背景下,做好广大群众的政治动员工作,唤醒他们的革命意识,影响他们对中国革命形势的认知显得十分必要,同时也非常艰巨。正如毛泽东所说:"我们反对群众脑子里的敌人,常常比反对日本帝国主义还要困难些"②,"需要我们做很多切切实实的工作……我们要在人民群众中间,广泛地进行宣传教育工作,使人民认识到中国的真实情况和动向,对于自己的力量具备信心。"③

在风雨如晦的革命年代,中国共产党除了要应对敌人残酷的军事围剿,还要面对其严密的舆论封锁。国民党凭借掌握的舆论资源和强大的宣传机器,实行专制的新闻出版条例和审查制度,

---

①② 《毛泽东选集》第3卷,人民出版社1991年版,第1101页。
③ 《毛泽东选集》第4卷,人民出版社1991年版,第1131页。

污蔑和抹黑中国共产党及其领导的革命。他们将中国共产党领导的人民军队称为"匪",把中国共产党描述为"杀人放火,奸淫抢掠,不要历史,不要文化,不要祖国,不孝父母,不敬师长,不讲道理,共产公妻,人海战术,总之是一群青面獠牙,十恶不赦的人"①。这些妖魔化的宣传,歪曲了中国共产党和军队的形象,消解了革命的合法性,给中国共产党自身发展壮大和中国革命事业带来了极大的负面影响。揭露和批判国民党反动派的污名化宣传,展现真实、客观的中国共产党和人民军队形象,成为中国革命必须解决的问题。

无论是唤醒民众的革命意识,还是揭露敌人的反动宣传,都需要进行强有力的舆论动员。以毛泽东为主要代表的中国共产党人,创造性地将马克思主义的舆论动员理论与中国革命具体实践相结合,提出了"共产党是要左手拿传单右手拿枪弹才可以打倒敌人"的著名口号。党在革命斗争中,一方面,发挥"枪杆子"作用,用革命的武装摧毁反革命的武装;另一方面,积极发挥"笔杆子"作用,以舆论为武器,动员和组织人民群众更加自觉坚定地参加革命行动,用革命舆论打破反革命舆论。

中国共产党创始人和早期领导人之一的陈独秀在《新青年》杂志中宣称:"本志宗旨,重在反抗舆论。"②陈独秀认为:"舆论每每随多数的或有力的报纸为转移,试问世界各共和国底(的)报纸,哪一家不受资本家支配?有几家报纸肯帮多数的贫民说话?资本家制造报馆,报馆制造舆论,试问世界上哪一个共和国底(的)舆论不是

---

① 《毛泽东选集》第4卷,人民出版社1991年版,第1485页。
② 《陈独秀文章选编》(上),河南人民出版社1982年版,第127页。

如此?"①这里的舆论,显然不是真正的民意,而是资本家通过报馆制造出来的意见。他在《反抗舆论的勇气》一文中指出:"反抗舆论比造成舆论更重要而却更难。投合群众心理或激起群众恐慌的几句话往往可以造成力量强大的舆论,至于公然反抗舆论便不是一件容易的事了。然而社会底进步或救出社会底危险,都需要有大胆反抗舆论的人,因为盲目的舆论大半是不合理的。此时中国底社会里正缺乏有公然大胆反抗舆论的勇气之人!"②陈独秀的"反抗舆论"就是要通过舆论唤起民众的觉醒。从这个意义上来说,"反抗舆论"具有很强的舆论动员的意味。

李大钊也高度重视舆论动员工作,曾深刻指出:"对付资本主义的种种祸害,有两个方法:一是舆论的鼓吹,二是劳动者的团结。"③

毛泽东高度重视舆论动员,亲自参与舆论动员工作,并将其贯穿在革命事业全过程中。1919年11月15日,湖南《大公报》报道了22岁湖南女青年赵五贞因父母逼婚在轿中自杀身亡的新闻。担任《大公报》馆外撰述员的毛泽东以此事件为契机,连写9篇评论,抨击封建婚姻制度的腐败、社会制度的黑暗,掀起一场大讨论,引发了强烈的社会舆论。在领导驱逐湖南军阀张敬尧的运动中,毛泽东组织成立了平民通讯社并任社长,采写了大量驱逐张敬尧的消息,在京津沪汉各地报刊上发表,在全国造成了较大的舆论影响。1925年12月5日,毛泽东在《〈政治周报〉发刊理由》中谈道:"为什么出版《政治周报》? 为了革命。为什么要革命? 为了使中

---

① 陈独秀:《国庆纪念底价值》,《新青年》第8卷第3号。
② 陈独秀:《反抗舆论的勇气》,《新青年》第9卷第2号。
③ 《李大钊全集》,人民出版社2006年版,第363页。

华民族得到解放,为了实现人民的统治,为了使人民得到经济的幸福。"①毛泽东在列举了革命派在广东工作的成绩和反革命的倒行逆施之后,旗帜鲜明地提出了《政治周报》的历史使命:用革命舆论打破反革命舆论。1927年3月,毛泽东在《湖南农民运动考察报告》中强调:"政治宣传的普及乡村,全是共产党和农民协会的功绩。很简单的一些标语、图画和讲演,使得农民如同每个都讲过一下子政治学校一样,收效非常之广而速。"②

  在人民军队建立之后,毛泽东在《关于纠正党内的错误思潮》一文中指出:"红军决不是单纯地打仗的,它除了打仗消灭敌人军事力量之外,还要负担宣传群众、组织群众、武装群众、帮助群众建立革命政权以至于建立共产党的组织等项重大的任务。"③在《红军宣传工作问题》中,毛泽东明确指出:"红军宣传工作的任务,就是扩大政治影响,争取广大群众。由这个宣传任务之实现,才可以实现组织群众、武装群众、建立政权、消灭反动势力、促进革命高潮等红军的总任务。所以红军的宣传工作是红军第一个重大工作。"④把以动员教育群众为主的宣传工作看作"红军第一个重大工作"和"主要任务",充分说明了毛泽东对舆论动员工作的重视。1931年,毛泽东以中央革命军事委员会总政治部主任的身份为总政治部起草了《普遍地举办〈时事简报〉》的通令。他讲到办好《时事简报》对于提高军民斗争情绪、打破群众保守观念的重要意义,认为在广大农村、小市镇、小城市里没有报纸,缺乏有效的舆论动员,导致斗争

---

① 《毛泽东文集》第1卷,人民出版社1993年版,第21页。
② 《毛泽东选集》第1卷,人民出版社1991年版,第35页。
③ 同上书,第86页。
④ 中共中央文献研究室、新华通讯社:《毛泽东新闻工作文选》,新华出版社2014年版,第10页。

的群众在革命前和革命后思想觉悟等方面是差不多的。他认为，这种现象是不好的，会把群众的斗争热情降低下去，进而走向保守的局面上去。

抗日战争时期，中国共产党把"动员一切力量，争取抗战胜利"作为中心任务。毛泽东在《论持久战》中认为，抗日战争没有普遍和深入的政治动员，是不能胜利的。他指出："动员了全国的老百姓，就造成了陷敌于灭顶之灾的汪洋大海，造成了弥补武器等等缺陷的补救条件，造成了克服一切战争困难的前提。"①如果忽视政治动员，就会"南其辕而北其辙"，结果必然取消了胜利。1938年10月，在中共六届六中全会上，毛泽东再次强调："必须动员报纸、刊物、学校、宣传团体、文化艺术团体、军队政治机关、民众团体，及其他一切可能力量，向前线官兵、后方守备部队、沦陷区人民、全国民众，作广大之宣传鼓动，坚定地有计划地执行这一方针，主张抗战到底，反对投降妥协，清洗悲观情绪。"②当外国记者问毛泽东中国抗日战争的成绩时，他回答了五条，其中第三条就是："唤起了国际舆论的同情。国际间过去鄙视中国不抵抗的，现在转变为尊敬中国的抵抗了。"③

在解放战争中和新中国成立后，毛泽东一直高度重视并亲身实践舆论动员工作，就如何开展舆论动员工作发表了一系列重要论述。1948年4月2日，毛泽东发表了著名的《对晋绥日报编辑人员的谈话》，指出："我们的政策，不光要使领导者知道，干部知道，

---

① 《毛泽东选集》第2卷，人民出版社1991年版，第480页。
② 中共中央文献研究室、新华通讯社：《毛泽东新闻工作文选》，新华出版社2014年版，第47页。
③ 《毛泽东选集》第2卷，人民出版社1991年版，第375页。

还要使广大的群众知道","群众知道了真理,有了共同的目的,就会齐心来做","马克思列宁主义的基本原则,就是要使群众认识自己的利益,并且团结起来,为自己的利益而奋斗。"①《对晋绥日报编辑人员的谈话》将善于做舆论动员作为领导艺术,指出:"善于把党的政策变为群众的行动,善于使我们的每一个运动,每一个斗争,不但领导干部懂得,而且广大的群众都能懂得,都能掌握,这是一项马克思列宁主义的领导艺术。"②

以毛泽东为主要代表的中国共产党人,将马克思主义的舆论动员思想同中国革命和建设的实践相结合,围绕如何动员广大人民群众参加武装夺取政权、创建革命根据地、创立和巩固社会主义制度等,发表了一系列重要论述,开展了一系列实践,形成了中国共产党舆论动员的思想理论和策略原则,具有丰富的科学内涵。

一、倡导舆论先行,将"首先制造舆论"作为革命和建设的重要手段

作为民众态度和意见的代表,舆论一旦被有效激发起来,就会形成一种无形的力量。这种无形的力量会对革命和建设产生巨大的影响。毛泽东早就认识到舆论在武装夺取政权中的重要作用,重视革命过程中的舆论动员,强调将"首先制造舆论"作为革命的重要手段。1920年,毛泽东在参加湘潭教育促进会第二次大会上,围绕湘潭教育普及和办师范的问题,主张通过"先事鼓吹,造成舆论"③让社会

---

① 中共中央文献研究室、新华通讯社:《毛泽东新闻工作文选》,新华出版社2014年版,第188页。
② 同上书,第189页。
③ 中共中央文献研究室:《毛泽东年谱(1893—1949)》(修订本)(上卷),中央文献出版社2013年版,第74页。

明白办师范的重要性。毛泽东在湖南领导农民运动时,肯定报刊的舆论先导作用,强调要"立在社会之前,创造正当之舆论,而纳人事于轨物"①。

在革命实践中,毛泽东极其看重舆论动员对于军事斗争的作用,称其为"胜利的最基本的条件",强调指出:"政治上动员军民的问题,实在太重要了。我们之所以不惜反反复复地说到这一点,实在是没有这一点就没有胜利。"②1943年,国民党发动第三次反共高潮,准备进攻陕甘宁边区。毛泽东要求各中央局、中央分局"在七月内先后动员当地舆论,并召集民众会议,通过要求国民政府制止内战,惩办挑拨内战分子之通电,发来新华总社,以便广播,造成压倒反动气焰之热潮,并援助陕甘宁边区之自卫斗争"③。后来,毛泽东在总结击败国民党反共高潮时指出:"仅因国内外舆论的反对,才把这一阴谋暂时搁下。"④

新中国成立后,毛泽东以总结历史规律的方式,多次谈到舆论动员在夺取政权中的极端重要性。1959—1960年间,毛泽东在学习苏联《政治经济学》教科书小组会议上发言时说:"首先制造舆论,夺取政权,然后解决所有制问题,再大大发展生产力,这是一般规律。"⑤1962年,毛泽东在党的八届十中全会上再次谈及这个问题,指出:"凡是要推翻一个政权,总要先造成舆论,总要先做意识形态方面的工作。革命的阶级是这样,反革命的阶级也是

---

① 毛泽东:《新闻文存》,中国新闻出版社1987年版,第286页。
② 《毛泽东选集》第2卷,人民出版社1991年版,第513页。
③ 中共中央文献研究室、新华通讯社:《毛泽东新闻工作文选》,新华出版社2014年版,第149页。
④ 《毛泽东选集》第3卷,人民出版社1991年版,第916页。
⑤ 《毛泽东文集》第8卷,人民出版社1999年版,第132页。

这样。"①在毛泽东看来,无论是推翻旧政权还是建设新政权,舆论都要先行。

二、报纸是舆论动员"最迅速广泛的力量"

"毛泽东认为,舆论是可以被制造的,被制造的舆论是夺取政权的重要力量。"②在革命年代,舆论动员的方式有很多,可以"靠口说,靠传单布告,靠报纸书册,靠戏剧电影,靠学校,靠民众团体,靠干部人员"③。在众多动员方式中,毛泽东认为最迅速、最重要、最广泛的力量就是报纸。

1931年,毛泽东在谈到举办《时事简报》的意义时指出:"《时事简报》是苏维埃区域中提高群众斗争情绪、打破群众保守观念的重要武器,在新争取的区域对于推动群众斗争更有伟大的作用。"④他强调:"代表大会、群众大会、巡行演说、团体参观等项固然都是好的,举办《时事简报》更是一种好的方法。"⑤在这里,毛泽东第一次提出报纸是"发动群众的一个有力的武器"⑥,后来在多篇文章中反复提及。1942年9月15日,毛泽东在《给何凯丰的信》中说:"各根据地当局也还未把报纸看作自己极重要的武器。"⑦1944年3月22日,毛泽东在《报纸是指导工作教育群众的武器》中谈道:"我们地

---

① 《建国以来毛泽东文稿》第10册,中央文献出版社1996年版,第194页。
② 张志安、晏齐宏:《当代中共领导人舆论观及其变迁逻辑》,《当代传播》2018年第2期。
③ 《毛泽东选集》第2卷,人民出版社1991年版,第481页。
④ 《毛泽东文集》第1卷,人民出版社1993年版,第259页。
⑤ 中共中央文献研究室、新华通讯社:《毛泽东新闻工作文选》,新华出版社2014年版,第28—29页。
⑥ 《毛泽东文集》第1卷,人民出版社1993年版,第263页。
⑦ 中共中央文献研究室、新华通讯社:《毛泽东新闻工作文选》,新华出版社2014年版,第142页。

委的同志,应该把报纸拿在自己手里,作为组织一切工作的一个武器,反映政治、军事、经济又指导政治、军事、经济的一个武器,组织群众和教育群众的一个武器。"[1] 1948 年 8 月 2 日,毛泽东在《对晋绥日报编辑人员的谈话》中进一步指出:"报纸的作用和力量,就在它能使党的纲领路线、方针政策、工作任务和工作方法,最迅速最广泛地同群众见面……在报纸上正确地宣传党的方针政策,通过报纸加强党和群众的联系,这是党的工作中的一项不可小看的、有重大原则意义的问题。"[2] 1958 年 1 月 12 日,在给中共广西省委负责同志的一封信中,毛泽东指出省报问题是一个极重要的问题,并概括指出省委机关报的作用:"一张省报,对于全省工作,全体人民,有极大的组织、鼓舞、激励、批判、推动的作用。"[3]

三、舆论动员要讲究策略方法

舆论动员,特别是革命时期的舆论动员,是一项复杂的长期工作,"不是一次动员就够了","不是将政治纲领背诵给老百姓听,这样的背诵是没有人听的"[4]。在长期的舆论动员实践中,中国共产党总结了一套行之有效的方法策略。

一是忠实地报告事实。事实胜于雄辩,用事实报道、用事实评论,更容易被广大民众接受。毛泽东早在《〈政治周报〉发刊理由》中就指出:"我们反攻敌人的方法,并不多用辩论,只是忠实地报告我们革命工作的事实。敌人说:'广东共产'。我们说:'请看事

---

[1] 中共中央文献研究室、新华通讯社:《毛泽东新闻工作文选》,新华出版社 2014 年版,第 156 页。
[2] 同上书,第 188 页。
[3] 同上书,第 254 页。
[4] 《毛泽东选集》第 2 卷,人民出版社 1991 年版,第 481 页。

实'。敌人说:'广东内哄'。我们说:'请看事实'。敌人说:'广州政府勾联俄国丧权辱国'。我们说:'请看事实'。敌人说:'广州政府治下水深火热民不聊生'。我们说,'请看事实'。"①

二是要"傍着活事件"开展舆论动员。舆论动员不是简单的内容重复,而是"要联系战争发展的情况,联系士兵和老百姓的生活"②开展。如前文所述,针对1919年湖南《大公报》的报道,毛泽东连写9篇评论,批判封建婚姻制度。湖南《大公报》虽有强烈的反封建色彩,但空谈理论多,联系实际少。毛泽东抓住这一事件大做文章后,反封建有了具体的对象和目标,舆论就随着报纸的讨论沸腾起来了。

---

① 中共中央文献研究室、新华通讯社:《毛泽东新闻工作文选》,新华出版社2014年版,第2页。
② 《毛泽东选集》第2卷,人民出版社1991年版,第481页。

第七章　舆论一律和舆论不一律

在毛泽东看来，舆论附属于上层建筑。他经常用阶级分析的方法来看待舆论，将其分为人民的舆论和反动派的舆论、公正的舆论和不公正的舆论。1943年，在介绍塔斯社中国分社社长罗果夫的一篇文章时，毛泽东说这篇文章代表了"国际国内的公正舆论"①。为了保障公正舆论发挥作用，他要求扶植公正的舆论，曾向国民党当局提出"开放党禁，扶植舆论，以为诚意推行宪政之表示"的要求②。

新中国成立后，美国政府发表了坚决反对新中国政权的《白皮书》，认为他们采纳了"有见识的和批评性的舆论"，中国共产党却无视中外舆论而一意孤行。对此，毛泽东发表《为什么要讨论白皮书》一文，反驳道："艾奇逊们对于舆论的看法，混淆了反动派的舆论和人民的舆论。对于人民的舆论，艾奇逊们什么也不能'感应'，他们都是瞎子和聋子。"③

基于对舆论的阶级分类，早在1949年6月30日发表的《论人民民主专政》一文中，毛泽东就提出："中国人民在几十年中积累起来的一切经验，都叫我们实行人民民主专政，或曰人民民主独裁，

---

① 中共中央文献研究室、新华通讯社：《毛泽东新闻工作文选》，新华出版社2014年版，第154页。
② 《毛泽东选集》第2卷，人民出版社1991年版，第723页。
③ 《毛泽东选集》第4卷，人民出版社1991年版，第1502页。

总之是一样,就是剥夺反动派的发言权,只让人民有发言权。"①他明确提出了社会主义出版自由的方针:保护人民的出版自由,剥夺反动派的出版自由,要取消一切帝国主义国家在中国开办的宣传机关,接收属于国民党反动政府及其地方系统下的各机关、各反动党派(如国民党各个反动派系、青年党、民社党等)及反动军队的各组织所出版和发行的报纸,接收他们的通讯社和电台。毛泽东指出:"向着帝国主义的走狗即地主阶级和官僚资产阶级以及代表这些阶级的国民党反动派及其帮凶们实行专政,实行独裁,压迫这些人,只许他们规规矩矩,不许他们乱说乱动。如要乱说乱动,立即取缔,予以制裁。对于人民内部,则实行民主制度,人民有言论集会结社等项的自由权。选举权,只给人民,不给反动派。这两方面,对人民内部的民主方面和对反动派的专政方面,互相结合起来,就是人民民主专政。"②

"舆论一律"和"舆论不一律"这对概念的提出与对文艺理论家胡风的批判相关。1950年7月27日,张中晓在给胡风的信中说:"我现在所看到的文艺刊物,有下列诸印象:……3. 批评,等于零。就曾被'热烈'的批评过的《刘胡兰》来说吧:王朝闻就'铡头'一事,写了二篇文章,其他的'批评家'大概也都围绕着'铡头'问题来写所谓'批评'的,其内容不外是技巧不巧之类。此外,就在'主题明确性'之类里面打圈子。这种批评使读者更觉得莫名奇妙。"③1950年8月13日,胡风在给张中晓的回信中提出了舆论一律。他写道:"现在是,在一个罩子下面,许多读者都昏昏沉沉的。一、'舆论'一

---

①② 《毛泽东选集》第4卷,人民出版社1991年版,第1475页。
③ 路莘:《张中晓致胡风书信》,《新文学史料》2005年第2期。

律,一个普通读者也实在难于判断。二、绝大多数读者都在某种组织生活中,那里空气是强迫人的。三、文艺上的问题也实在以机械论最省力。不过,虽然如此,目前到处有反抗的情绪,到处有进一步的要求,所以,那些指导家,一面觉得压得很吃力,一面又更觉得非压不可。到底如何,半年左右不知能看出一点端倪否?但重要的是要读者说话,被压住也还是要说话。慢慢地,看能否冲破一些缺口来。目前,只有独占的刊物,如果不冲破,那就非闷死不可了。和那个'报'当然讨论不出什么来,一切都是'计划'出来的。"①

1954年7月,胡风在向中央政治局提交的《关于解放以来的文艺实践情况的报告》中,进一步反对舆论一律。他认为,舆论一律是指舆论被少数人甚至一人控制(一家之言),在文艺界则表现为"横在作家和读者头上的五把刀子":"作家要从事创作实践,非得首先有完美无缺的共产主义世界观不可";"只有工农兵的生活才算生活";"只有思想改造好了才能创作";"只有过去的形式才算民族形式";"题材有重要与否之分,题材能决定作品的价值"。他进而指出,文艺不能为政治服务,不宜作党的舆论工具,不应规定作家只能"深入工农兵,表现工农兵",不能要求文艺家都当"歌德派";要求党的领导人尊重作家、艺术家的人格和个性,尊重艺术创作的特殊规律,保障创作自由、言论自由、学术自由,反对教条主义、宗派主义等②。

1955年5—6月,《人民日报》连续发表三批材料,公开披露胡风同其朋友之间的通信,并发表了系列批判文章。针对胡风提出

---

① 《关于胡风反革命集团的第二批材料》,《人民日报》1955年5月24日第2版。
② 丁骋、吴廷俊:《舆论"一律"与"不一律"的历史路径及走向探析》,《国际新闻界》2011年第3期。

的"舆论一律",1955年5月24日,毛泽东的《驳"舆论一律"》一文以《人民日报》刊登这些材料的按语形式发表。在该文中,毛泽东正式提出"舆论一律"和"舆论不一律"的概念,并对其各自含义和辩证关系进行了详细阐述。

第一,社会在舆论不一律和舆论一律的矛盾中前进。毛泽东指出:"一个社会,无论何时,总有先进和落后两种人们、两种意见矛盾地存在着和斗争着,总是先进的意见克服落后的意见,要想使'舆论一律'是不可能的,也是不应该的。只有充分地发扬先进的东西去克服落后的东西,才能使社会前进。"①在他看来,舆论一律和舆论不一律是一对矛盾,"一种矛盾克服了,又会产生新矛盾","克服了矛盾,暂时归于一律了;但不久又会产生新矛盾,又不一律,又须要克服"②。从辩证法角度看,舆论既是一律,又是不一律。"一般意义上的舆论一律状态,其前提是要经过'不一律'这个阶段,并且一律是暂时的、相对的,新的矛盾产生,又会不一律。所以,希冀舆论一律,借助舆论一律达到既定的目的,必须要经过不一律,并且只能通过不一律才能保持'一律'的暂时稳定状态。"③换言之,新旧矛盾的竞赛,推动舆论不断发展和社会不断前进。

第二,在人民内部,实行舆论不一律方针。毛泽东指出,所谓的不一律,就是批评的自由,发表各种不同意见的自由,宣传有神论和宣传无神论(唯物论)自由,就是允许先进的人们和落后的人们自由利用我们的报纸、刊物、讲坛等等去竞赛,以期由

---

①② 中共中央文献研究室:《毛泽东年谱(1949—1976)》第2卷,中央文献出版社2013年版,第390页。

③ 陈力丹:《马克思主义新闻观思想体系》,中国人民大学出版社2006年版,第602页。

先进的人们以民主和说服的方法去教育落后的人们,克服落后的思想和制度①。他认为,在人民内部实行舆论不一律的方针,是由社会主义制度所决定。"在内部,压制自由,压制人民对党和政府的错误缺点的批评,压制学术界的自由讨论,是犯罪的行为。这是我们的制度。"②毛泽东又称这种舆论不一律的方针为"放"的方针。他指出,所谓"放",就是放手让大家讲意见,使人们敢于说话,敢于批评,敢于争论,不怕错误的议论,不怕有毒的东西,发展各种意见之间的相互争论和相互批评,既容许批评的自由,也容许批评批评者的自由;所谓"放",就是在文艺和学术领域实行"百花齐放,百家争鸣"的方针;所谓"放",就是对于错误意见,不是压服,而是采取说服教育和以理服人的办法,不搞"一棍子打死"③。

第三,对敌人实行专政,必须要使舆论一律。毛泽东认为,社会主义制度建立以后,虽然大规模的疾风暴雨式的阶级斗争已经基本结束,但阶级斗争在一定时期还可能激化,无产阶级与资产阶级之间的意识形态和思想方面的斗争还没有真正解决,还要进行长期的斗争,不了解或放弃这种斗争是错误的。在国际国内尚有阶级和阶级斗争存在的时代,夺取了国家权力的工人阶级和人民大众,必须镇压一切反革命阶级、集团和个人对于革命的反抗,制止他们的复辟活动,禁止一切反革命分子利用言论自由去达到他们的反革命目的。处理人民和反革命之间的矛盾,"不是用的民主的方法,而是用的专政即独裁的方法,即只许他们规规矩矩,不许他们乱说乱动"④。他还强调,不但舆论一律,而且法律也一律。

---

①②④ 中共中央文献研究室:《毛泽东年谱(1949—1976)》第2卷,中央文献出版社2013年版,第390页。

③ 中共中央文献研究室:《毛泽东文艺论集》,中央文献出版社2002年版,第184页。

舆论一律和舆论不一律这对概念揭示了舆论不一律的客观性和舆论一律的暂时性，具有深刻的辩证法思想。舆论不一律是客观存在的舆论状态，是长期的、普遍性的；舆论一律是一种理想状态，是短暂的、特殊性的。两者是一个科学辩证的范畴，体现了对舆论规律全面而深刻的认识。两者的辩证关系，要求新闻舆论工作者要最大限度地促使不一律的舆论达到某种程度的一律，进而营造良好的舆论环境，服务中心工作。这在某种程度上具有舆论引导的意思。

舆论一律和舆论不一律虽然具有现实的合理性和可操作性，但由于缺乏稳定的可以度量的标准，加之当时"以阶级斗争为纲"的大环境，在实践中并没有得到较好的贯彻。党的十一届三中全会纠正了"以阶级斗争为纲"的"左"倾错误方针，重新确立了解放思想、实事求是的思想路线，把党和国家的工作中心转移到经济建设上来，为舆论一律和舆论不一律的实施创造了很好的环境，党的多位领导人也对这对概念进行了补充和完善。

20世纪80年代初，胡乔木对舆论一律和舆论不一律做了补充说明。他指出，社会主义国家人民内部的舆论是不一律的，但也不是在任何问题上都不一律，诸如在中国要坚持社会主义道路、要坚持党的领导等基本问题上，应当是舆论一律。舆论不一律就是舆论自由，舆论自由是社会主义民主的具体体现。社会舆论是多样化的，这是客观存在，应当承认这种多样性，发扬高度的社会主义民主，使人民享有充分的言论自由，对不同舆论不能压制①。

1985年2月8日，胡耀邦在《关于党的新闻工作》中指出："我们需要的是大力发扬新闻工作者的积极性、主动性、创造性，而不

---

① 陈力丹：《马克思主义新闻观百科全书》，中国人民大学出版社2018年版，第180页。

是束缚这种积极性、主动性、创造性,更不是要求各种报纸、广播、电视的面目完全雷同。各种新闻工具,报纸、电台、通讯社,应当互相协调,加强合作和分工。一些重大新闻、重要文件由新华社统一发布;同时,又应当各自努力办出自己的特色,各有不同的角度、不同的重点、不同的风格、不同的面貌。(习仲勋同志:不可能一致,也不要求这样。)毛泽东同志在一九五五年写过一篇文章,叫做《驳'舆论一律'》,那是在批胡风的时候写的。那时把胡风同志当作反革命分子,这个判断错了,中央已经为胡风同志平反。但是我认为,毛泽东同志在这篇文章中指出我们社会的舆论是一律、又是不一律的那些道理,还是讲得好的,至今仍然值得认真研究和领会。不过他在这里所说的不一律,主要是指人民内部先进的人们和落后的人们自由利用我们的报纸、刊物、讲坛等等去竞赛这样一种情况,而没有说到角度、重点以至风格、面貌、方式方法的多样性。这种多样性,与先进、落后之间的矛盾很不相同,不但不需要一方克服另一方,而且恰恰应当大大地加以丰富和发展。"[①]胡耀邦在肯定毛泽东的舆论一律和舆论不一律思想的基础上,强调了舆论的多样性,对其在新形势下做了阐发。

---

① 胡耀邦:《关于党的新闻工作》,载《中国新闻年鉴(1985)》,中国新闻出版社1985年版,卷前第4页。

第八章　党报的战斗性

在革命战争年代,党报作为党的一个锐利的战斗武器,始终注重自身的战斗性。在建党初期,党报致力于宣传无产阶级革命思想,其战斗性主要体现在对各种非马克思主义的思想和逆潮流的现象进行揭露和批判。1922年11月,党中央内部刊物《中国共产党党报》第一号刊载的《教育宣传问题议决案》就明确提出:"反对英美帝国主义之各方面的宣传","反对曹吴及外交系","反对研究系——宪法派","反对东方文化派(纯粹的东方派是幻想的退步的思想;纯粹西方资产阶级文化是个人主义、伪慈善主义;共产派当宣传'为斗争而互助',斗争乃为将来全人类之互助;无斗争即无生活)","反对宗法社会之旧教义","反对基督教的教义及其组织(如青年会)"等①。1925年10月22日,中共中央决定出版中央机关报《布尔塞维克》,在决议中明确指出:"布尔塞维克报当为建立中国无产阶级的革命的思想之机关,当为反对资产阶级思想及一切反动妥协思想之战斗机关。布尔塞维克报并且要是中国革命新道路的指针——反对帝国主义军阀豪绅资产阶级的革命斗争的领导者,他应当做工农群众革命行动的前锋。"②该阶段,

---

① 中国社会科学院新闻研究所:《中国共产党新闻工作文件汇编》(上卷),新华出版社1980年版,第2—4页。
② 同上书,第25页。

中国共产党创办的《向导》周报、《新青年》季刊、《前锋》月刊、《先驱》、《中国青年》、《热血日报》等报刊的发刊词中也都透露出较为浓厚的战斗精神。

土地革命战争时期,中国共产党面临严峻的革命形势,是在反革命的"围剿"中生存、发展起来的。党报的战斗性主要体现在为维护革命政权、巩固和扩大革命根据地同各种反动派别进行斗争。1931年12月11日,中华苏维埃共和国临时中央政府的机关报《红色中华》发刊词中明确要求:"要尽量揭破帝国主义与国民党军阀及一切反动政治派别进攻革命欺骗工农的阴谋,与反动统治的内部冲突崩溃,及一切政治内幕,介绍苏区非苏区红军斗争,工农革命运动的消息,使工农劳苦群众,懂得国际国内的政治形势,与必要采取的斗争的方法,而成为扩大苏维埃运动的勇敢的战士。"①1930年3月26日,《提高我们党报的作用》一文中这样评价《红旗日报》:"经常的揭破统治阶级的欺骗,指示了革命群众的策略,打击了改组派第三党取消派及一切改良主义的思想,传播了各地革命斗争的消息,并鼓动了广大革命群众的斗争情绪。"②

抗日战争时期,民族矛盾凸显,中华民族面临巨大的危机。在民族危难之际,党报积极维护抗日民族统一战线,不断揭发和批判各种投降主义、悲观情绪、妥协倾向、内战阴谋等。1936年1月27日,《中共中央为转变目前宣传工作给各级党部的信》中指出:"在民族革命统一战线中丝毫也不能一刻放松去揭穿那些动摇妥协以至叛变投降的倾向。我们一定要大大的以党的主张去和一切改良

---

① 中国社会科学院新闻研究所:《中国共产党新闻工作文件汇编》(下卷),新华出版社1980年版,第23—24页。
② 同上书,第35页。

主义倾向对立,要鲜明的去揭发一切其他派别的民族改良主义的欺骗宣传与代表敌对阶级利益的主张,去夺取广大群众,去孤立那些改良主义者"①,"目前宣传工作最中心最紧急的任务,就在于用一切的力量去暴露日本强盗的凶暴侵略行动,与蒋介石无耻的卖国政策及欺骗"②。1940年2月7日,毛泽东在为纪念《新中华报》新刊一周年的文章中指出,为了实现团结、抗战、进步,就要与各种反动势力和错误思潮作斗争。他在文章中一气提出了19个反对,例如反对不承认共产党的合法地位、反对雪片一样的"限制异党活动"的文件、反对倒退、反对把抗战初期仅有的一点言论出版自由取消干净、反对把宪政运动变为少数人包办的官僚事业等。毛泽东把反对一切危害抗战的乌烟瘴气作为《新中华报》第二年政治方向的重要内容。

党报的战斗性这一概念的正式提出与延安整风运动和《解放日报》改版密切相关。

1941年,中共中央决定从5月16日起将延安《新中华报》和《今日新闻》合并,出版《解放日报》。一切党的政策将经过《解放日报》和新华社向全国宣达。毛泽东亲自为《解放日报》撰写发刊词。他指出:"本报之使命为何?团结全国人民战胜日本帝国主义一语足以尽之。"③《解放日报》首任社长博古在第一次编辑部会议上强调:"我们的报纸是战斗的党的机关报,是以党的立场来分析认识世界,这是方向。"④

---

① 中国社会科学院新闻研究所:《中国共产党新闻工作文件汇编》(上卷),新华出版社1980年版,第84页。
② 同上书,第81页。
③ 中共中央文献研究室、新华通讯社:《毛泽东新闻工作文选》,新华出版社2014年版,第73页。
④ 《秦邦宪(博古)文集》,中共党史出版社2007年版,第450页。

整风运动发起后,《解放日报》在宣传方面存在的诸多问题不断显现出来。例如,在内容上以刊载国际新闻为主,对全国人民和各抗日根据地的情况缺乏系统记载,陕甘宁边区和各抗日根据地的新闻仅占第四版的上半部分,脱离了解放区的实际情况;从社论上看,一味效仿苏联《真理报》,一天一篇社论,有时为论而论,报道充满"洋八股"的情形。1942年1月24日,毛泽东在中央政治局会议上批评《解放日报》,要求把社论和专论重视起来,应分配题目给中央的同志写文章等①。针对这些改进意见,中央政治局作出决议:"同意毛主席指出今后《解放日报》应从社论、专论、新闻及广播等方面贯彻党的路线与党的政策,文字须坚决废除党八股。"②2月11日中央政治局会议讨论《解放日报》时,毛泽东再次指出:"现在《解放日报》还没有充分表现我们的党性,主要表现是报纸的最大篇幅都是转载国内外资产阶级通讯社的新闻,散布他们的影响,而对我党政策与群众活动的宣传,则非常之少,或者放在不重要的位置。"③

1942年3月16日,中共中央宣传部发出《为改造党报的通知》,要求各地方党部应当对自己的报纸加以极大注意,尤应根据毛泽东同志整顿三风的号召来检查和改造报纸。《为改造党报的通知》明确提出党报要成为战斗性的党报,并对战斗性的含义作了新的阐释。4月1日,延安《解放日报》的改版社论《致读者》中提出"党报必须是为着党的革命方针和路线而奋斗的战士",并从对内

---

① 中共中央文献研究室:《毛泽东年谱(1893—1949)》(修订本)(中卷),中央文献出版社2013年版,第356页。
② 中国社会科学院新闻研究所:《中国共产党新闻工作文件汇编》(上卷),新华出版社1980年版,第118页。
③ 中共中央文献研究室:《毛泽东年谱(1893—1949)》(修订本)(中卷),中央文献出版社2013年版,第362页。

和对外两个层面对党报的战斗性作了进一步的阐述。

1948年4月2日,毛泽东在《对晋绥日报编辑人员的谈话》中,用"十分畅快、生动,也最为形象的语言对'党报的战斗性'作了总结与阐释"①。

新中国成立后,中国共产党结合新的任务实际和国内外形势,对党报的战斗性提出了新的要求。1950年4月19日,中共中央发布《关于在报纸刊物上展开批评和自我批评的决定》,进一步强调了批评和自我批评对于党报战斗性的作用。1956年5月25日,胡耀邦在《作战斗的号角和喉舌》讲话中对党报的战斗性作了新的解释。他指出:"我们要随时准备战斗,随时准备发出战歌。报纸没有战斗性不行,一定要扯破脸,要搞批评,要准备打官司。你们不要怕,我看你们现在就是有点怕。"②"现在我们已经不全是向阶级敌人作战,而要……向各种不良的旧势力、旧习惯、旧传统作战了。"③

党报的战斗性诞生于革命战争年代,一直伴随着党报的成长壮大不断发展和完善,特别是在延安整风运动和《解放日报》改版的过程中日渐成熟,新中国成立后不断充实完善,形成了比较丰富的内涵,主要包括对敌、对内和战斗风格三个方面。

一、对敌的声讨和批判

革命年代,中国共产党长期处于艰苦恶劣的斗争形势下。党报作为党的武器,对敌人暴行的控诉和声讨、对敌人思想的批判成

---

① 陈力丹、吴鼎铭:《党报的战斗性》,《新闻前哨》2016年第9期。
② 中国社会科学院新闻研究所:《中国共产党新闻工作文件汇编》(下卷),新华出版社1980年版,第374页。
③ 同上书,第353页。

为党报的战斗性的重要内容。延安《解放日报》改版社论在谈到党报的战斗性时指出:"报纸必须根据当前的政治事变而进行热忱的鼓动,而鼓动的成功,则极有赖于明朗锐利的揭露一切黑暗和腐败,抨击一切有害于抗日团结的阴谋和企图。尤其在思想战线上,报纸应该进行经常的坚持的思想斗争,宣传共产主义的民主主义的思潮,反对一切反动、复古、黑暗、愚昧。"①《为改造党报的通知》也明确要求,党报要成为战斗性的党报,要有对于敌人的思想的批判。从建党初期对各种非马克思主义思潮的批判,到抗日战争时期对妥协投降及破坏抗日民族统一战线行为的严厉抗争,党报在对敌声讨和批判方面一直洋溢着战斗性。1947年1月11日,重庆《新华日报》发表编辑部文章《检讨和勉励》,专门就对敌斗争进行了总结:"斗争的主要方式就是暴露和打击,暴露黑暗,暴露帝国主义的阴谋,暴露独裁者的恐怖统治,而同时又以适当的打击,来消灭黑暗,粉碎阴谋,反抗恐怖统治。"②同时,进一步指出:"自然,暴露和打击要有一定分寸、一定份量,要遵守有理有利有节的原则,要根据实际需要和客观发展,针对最少数的反动分子。"③

二、对内要勇于开展批评和自我批评

随着革命形势任务的变化,特别是在延安《解放日报》改版之后,党报的战斗性越来越重视开展批评和自我批评。这一趋势一直延续到新中国成立后。在延安《解放日报》改版过程中,无论是中宣部的通知还是《解放日报》的改版社论都对这一点进行了比较

---

① 中国社会科学院新闻研究所:《中国共产党新闻工作文件汇编》(下卷),新华出版社1980年版,第51页。
②③ 同上书,第83页。

详细的阐述。《为改造党报的通知》在论及党报如何成为战斗性的报纸时指出:"要有适当的正确的自我批评,表扬工作中的优点,批评工作中的错误,经过报纸来指导各方面的工作。"①改版社论《致读者》在检讨《解放日报》以前缺乏战斗性时指出,"对于我们工作的缺点,没有严格的揭露和帮助其改正";同时认为,"报纸亦应该是我们党手中的有力的自我批评的武器,对于自己队伍中的错误和弱点,党报应该以实事求是的同志的态度加以批评和指摘,帮助其克服和改正"②。

报纸是言论的机关。在任何一个社会里,社会成员不可能对于任何一个具体问题都持有同一种见解。党报有责任把社会的见解引向正确的道路。"有许多问题需要在群众性的讨论中逐渐得到答案。有一部分问题甚至在一个时期的讨论以后暂时也还不能得到确定的答案。有许多问题,虽然已经有了正确的答案,应该在群众中加以广泛的宣传,但是这种宣传也并不排斥适当的有益的讨论。"③因此,党报开展批评和自我批评的同时还要积极开展自由讨论,"允许各种不同的观点的论争,可以容许一切非党人士站在善意的立场上对我们各方面工作的批评或建议的言论发表"④。

三、要具有鲜明的战斗风格

党报的战斗性要求坚持真理、批判谬误都要旗帜鲜明,坚持鲜

---

① 中国社会科学院新闻研究所:《中国共产党新闻工作文件汇编》(上卷),新华出版社1980年版,第126—127页。

② 中国社会科学院新闻研究所:《中国共产党新闻工作文件汇编》(下卷),新华出版社1980年版,第51页。

③ 同上书,第110页。

④ 中国社会科学院新闻研究所:《中国共产党新闻工作文件汇编》(上卷),新华出版社1980年版,第127页。

明的战斗风格。正如毛泽东所说:"我们党所办的报纸,我们党所进行的一切宣传工作,都应当是生动的,鲜明的,尖锐的,毫不吞吞吐吐。这是我们革命无产阶级应有的战斗风格。我们要教育人民认识真理,要动员人民起来为解放自己而斗争,就需要这种战斗的风格。用钝刀子割肉,是半天也割不出血来的。"①

党报的战斗性是具有鲜明的中国共产党舆论思想特点的概念。经过近百年的发展,其内涵不断丰富,体系日益完整。党报的战斗性中对敌思想批判、对内开展批评与自我批评、保持鲜明的战斗风格等内涵对中国共产党的新闻舆论思想产生了重要影响,为后来党的舆论监督、舆论斗争等理论奠定了基础。即使在媒介环境、舆论生态、传播格局都发生重大变化的当下,党报的战斗性仍然具有很强的现实指导性。习近平多次论及党报的战斗性,要求新闻舆论工作要澄清谬误、明辨是非,敢于亮剑交锋,不给错误思想、错误观点以空间。他引用毛泽东关于党报战斗风格的论述,要求宣传思想战线的同志要当战士、不当绅士,不做"骑墙派"和"看风派",不能搞"爱惜羽毛"那一套②。

---

① 《毛泽东选集》第4卷,人民出版社1991年版,第1322页。
② 中共中央党史和文献研究院:《十八大以来重要文献选编》(下),中央文献出版社2018年版,第219页。

第九章 报纸批评

批评与自我批评是中国共产党长期坚持和提倡的优良传统和作风。1935年，毛泽东在《矛盾论》中第一次明确提出"批评和自我批评"的概念，指出"共产党内的矛盾，用批评和自我批评的方法去解决"①。随后，毛泽东多次对批评和自我批评进行阐述。1937年9月，他在《反对自由主义》中指出，积极的思想斗争是达到党内和革命团体内的团结，并使之利于战斗的武器，并号召每个共产党员和革命分子要拿起这个武器。1945年4月24日，毛泽东主持中共七大，在题为《论联合政府》的报告中对批评与自我批评进行了形象化阐释。他指出："房子是应该经常打扫的，不打扫就会积满了灰尘；脸是应该经常洗的，不洗也就会灰尘满面。我们同志的思想，我们党的工作，也会沾染灰尘的，也应该打扫和洗涤。"②这种打扫和洗涤就是开展批评和自我批评。中共七大将批评与自我批评确立为党的三大优良作风之一，并要求全党坚持和发扬。

作为批评与自我批评在新闻舆论工作中的具体体现，报纸批评是以毛泽东为代表的中国共产党人，将马克思主义新闻观中利用报刊开展舆论监督的基本原理同中国具体实际相结合而进行的舆论监督实践和理论探索的结果。

---

① 《毛泽东选集》第1卷，人民出版社1991年版，第311页。
② 《毛泽东选集》第3卷，人民出版社1991年版，第1096页。

"中国共产党报纸批评的观念的兴起,是建立在总结大革命失败教训基础之上的。"①1927年8月21日,党中央发布通告,要求中央常务委员会主编的刊物《中央通讯》要"解释党的政策,批评党的错误,登载党员对于党内问题讨论的材料等"②。1929年,党中央创办的《党的生活》在发刊词中表达了利用报刊进行批评与自我批评的观念,强调"布尔塞维克的党,是要在不断的'自己批评'中锻炼出来。没有'自己批评'的精神,决不能成为一个布尔塞维克的党……一个布尔塞维克的党员,要有公开的批评工作,批评同志的勇气,尤其要有自己批评和接受人家批评的勇气……党内发现许多不好的现象,都是由于上面指出来的党内没有政治的讨论,没有公开的批评,没有正当的党的生活的原因。"③

随着革命根据地的建立,党创办的报刊普遍重视批评与自我批评,并将报纸批评作为一种重要的工作方法。1931年12月,中华苏维尔临时中央政府机关报《红色中华》发刊词中明确表达了报纸批评的观念:"要引导工农群众对于自己的政权,尽了批评、监督、拥护的责任……指导各级苏维埃的实际工作,纠正各级苏维埃在工作中的缺点与错误。"④为此,该报开设了"红色区域建设""突击队""黑板"等栏目,对苏维尔政府工作人员开展了"有错必究、不顾情面、直插要害、酣畅淋漓"的批评。《红星报》在"见面话"中强调:"它要是一个裁判员,红军里消极怠工,官僚腐化和一切反革命

---

① 邓绍根:《中国共产党报纸批评观念的形成及其方针的确立》,《出版发行研究》2021年第10期。
② 中国社会科学院新闻研究所:《中国共产党新闻工作文件汇编》(上卷),新华出版社1980年版,第36页。
③ 中国社会科学院新闻研究所:《中国共产党新闻工作文件汇编》(下卷),新华出版社1980年版,第18—19页。
④ 同上书,第23页。

分子,都会受到它的处罚,并且使同志们能明白他们的罪恶。"①《斗争》开设"自我批评"专栏,在其编者按中指出:"我们要求在这里各级批评到的党组织,能很快的给我们确切的回答,到底它们对于所批评的问题采取了什么具体办法去纠正了。因为自我批评的目的不是为了自我批评,而是为了党的工作的彻底转变。"②开展报纸批评已成为党创办的报刊的重要职能。

延安整风运动后,党中央高度重视利用报纸推动批评与自我批评,报纸批评观念获得新的发展。1941年7月4日,《中宣部关于各抗日根据地报纸杂志的指示》中明确要求,一切报纸杂志要"善于使用批评的武器,表扬各种工作中的成绩,揭发其错误。但在表扬与揭发时,都必须是实事求是的老实态度,纠正那种夸大、铺张、虚伪、掩饰的恶劣作风"③。《解放日报》改版作为延安整风运动的一个组成部分,其重要内容之一就是利用报纸开展批评与自我批评,推动整风运动。1942年3月16日,中宣部发出《为改造党报的通知》,提出:"党报要成为战斗性的党报,就要有适当的正确的自我批评,表扬工作中的优点,批评工作中的错误,经过报纸来指导各方面的工作。"④1942年4月1日,《解放日报》正式改版。这一天的社论《致读者》中指出:"报纸亦应该是我们党手中的有力的自我批评的武器,对于自己队伍中的错误和弱点,党报应该以实事求是的同志的态度加以批评和指摘,帮

---

① 中国社会科学院新闻研究所:《中国共产党新闻工作文件汇编》(下卷),新华出版社1980年版,第25页。
② 佚名:《自我批评》,《斗争(苏区版)》1933年第2期。
③ 中国社会科学院新闻研究所:《中国共产党新闻工作文件汇编》(上卷),新华出版社1980年版,第116页。
④ 同上书,第126—127页。

助其克服和改正。"①

整风运动后,报纸逐渐成为解放区批评与自我批评的锐利武器。据统计,仅 1947 年 7 月和 8 月,《晋绥日报》就刊登批评报道或带有重要批评内容的报道共 27 篇,其中 6 篇是头版头条②。特别是在反"客里空"运动中,《冀鲁豫日报》《晋察冀日报》《大众日报》《边区群众报》《东北日报》《新黑龙江报》《人民日报》(晋冀鲁豫)等解放区报刊积极刊发批评报道。"报纸批评"一词出现的频率不断增加,开始在党报党刊中流行起来。据统计,仅《人民日报》创刊后就先后三次提出"报纸批评"的概念③。1948 年 8 月 31 日,《人民日报》刊登消息《冀鲁豫行署通令所属,接受民主监督,尊重报纸批评》。报纸编辑不仅在标题中使用了"报纸批评"一词,而且采用"编者按"的形式写道:"冀鲁豫行署通令各级尊重报纸批评,这个决定很好,很重要。被批评者除了应该根据报纸的批评检查缺点、改进工作外,还应在报纸上公开表示态度,自己错了应作检讨,批评错了应该申辩,以便真正达到弄清事实,发掘错误缺点,改进工作。"④同年 9 月 10 日,《人民日报》在介绍东北新闻事业发达状况时,再次使用了"报纸批评"一词:"以东北日报为首,更严格发扬了报纸的批评与自我批评精神,使报纸进一步成为贯彻执行政策,推进工作的有力工具,报纸的威信因此日益提高。东北日报现每月

---

① 中国社会科学院新闻研究所:《中国共产党新闻工作文件汇编》(下卷),新华出版社 1980 年版,第 51 页。
② 邓绍根:《中国共产党报纸批评观念的形成及其方针的确立》,《出版发行研究》2021 年第 10 期。
③ 邓绍根:《从新名词到关键词:近代以来中国"舆论监督"观念的历史演变》,《新闻大学》2019 年第 11 期。
④ 《冀鲁豫行署通令所属,接受民主监督,尊重报纸批评》,《人民日报》1948 年 8 月 31 日。

收到读者来信达千余件,询问政策、日常生活问题、及对报纸批评与建议,报纸均以相当篇幅予以刊载和答复,显示报纸已不断地加强了与群众的联系。"①1949 年 7 月 27 日,《人民日报》刊登消息《唐山华新纺织厂党委会军代表接受本报意见检讨工作》,报道了唐山华新纺织厂党委会接受报纸批评的态度的转变:"在领导同志中,看到报纸批评之初,没有从领导方法与思想方法上去领会,一方面强调客观困难,一方面想在某些枝节问题上抓小辫子,阻碍了对错误的认识……因此,我们诚恳而且愉快的接受党报批评,并接受党报指示,对华新工资制度的改革,我们将在实际行动中紧紧依靠工人阶级,继续作缜密研究,做到合理。"②在该则新闻报道中,不仅使用了"报纸批评"的表述,而且采用了"党报批评""党报的批评"等词语或词组表达报纸批评观念。

新中国成立后,中国共产党成为执政党。如何保持党的纯洁性,从而巩固执政地位,成为摆在党及其领导人面前亟须解决的一大难题。为此,党的新闻舆论工作在继承革命战争年代报纸批评观念的基础上,开展了轰轰烈烈的报纸批评运动,促进了报纸批评观念的进一步成熟与完善。1950 年 4 月,新中国成立后中央颁布的关于新闻工作的第一个重要文件是《中共中央关于在报纸刊物上展开批评和自我批评的决定》(简称《决定》),号召开展批评和自我批评。《决定》明确指出:"吸引人民群众在报纸刊物上公开地批评我们工作中的缺点和错误,并教育党员、特别是党的干部在报纸

---

① 《东北新闻事业发达,新闻工作者更能实事求是掌握政策,报纸发扬批评与自我批评威信日高》,《人民日报》1948 年 9 月 10 日。
② 《唐山华新纺织厂党委会军代表接受本报意见检讨工作》,《人民日报》1949 年 7 月 27 日。

刊物上作关于这些缺点和错误的自我批评,在今天是更加突出地重要起来了。因为今天大陆上的战争已经结束,我们的党已经领导着全国的政权,我们工作中的缺点和错误很容易危害广大人民的利益,而由于政权领导者的地位,领导者威信的提高,就容易产生骄傲情绪,在党内党外拒绝批评,压制批评。由于这些新的情况的产生,如果我们对于我们党的人民政府的及所有经济机关和群众团体的缺点和错误,不能公开地及时地在全党和广大人民中展开批评与自我批评,我们就要被严重的官僚主义所毒害,不能完成新中国的建设任务。"①为了保障报刊能够顺利而有效地开展批评,《决定》专门规定了四个具体办法。1950年4月22日,《人民日报》头版全文转发了这个《决定》,还配发了《列宁:论我们的报纸》和《毛泽东同志论自我批评》两篇文章。4月23日,《人民日报》刊发《坚决展开批评与自我批评》和《加强报纸与人民群众的联系》两篇社论,再次重申要重视报纸批评。1954年7月,中共中央发布《关于改进报纸工作的决议》,着重总结了开展报纸批评的经验教训,再次重申"报纸是党用来开展批评和自我批评的最尖锐的武器"②,批评部分党委和报纸对于《中共中央关于在报纸刊物上展开批评和自我批评的决定》"不是基本上进行得好,而是基本上进行得不好"③。为此,中央责成各级党委和新闻机构,加强对这项工作的重视和领导。同年,毛泽东就报纸批评实行"开、好、管"三字方针发表了重要谈话,围绕如何让报纸批评收到确实的效果进行了专门论述。

---

① 中国社会科学院新闻研究所:《中国共产党新闻工作文件汇编》(中卷),新华出版社1980年版,第5页。
② 同上书,第322页。
③ 同上书,第323页。

《中共中央关于在报纸刊物上展开批评和自我批评的决定》和《关于改进报纸工作的决议》是党的文件中第一次将是否欢迎和保护"劳动人民自下而上的批评"(群众监督)作为衡量报纸党性的标准之一,为新中国开展报纸批评指明了方向。利用报刊开展批评,保障了广大人民群众的知情权和监督权,同时激发了他们参与、监督的热情,许多读者大胆给报刊写信写稿说真心话,批评党和政府的工作。据统计,仅《人民日报》在1949年到1956年间发表的批评性稿件就达到7 499篇之多[1]。这期间,关于刘青山、张子善的报道,关于黄逸峰的报道,关于张顺有的报道等报纸批评类报道,更是家喻户晓、影响巨大,起到了"批评一个人,教育一片人"的作用。

作为批评与自我批评优良作风在党的新闻舆论工作中的具体体现,报纸批评伴随着党的新闻舆论工作实践,内涵不断丰富,逐渐成为中国共产党新闻思想的核心概念之一。1954年4月,毛泽东在同胡乔木等人的谈话中提出了报纸批评的三字方针:"关于报纸上的批评,要实行'开、好、管'的三字方针。开,就是要开展批评。不开展批评,害怕批评,压制批评,是不对的。好,就是要开展得好。批评要正确,要对人民有利,不能乱批一阵。什么事应指名批评,什么事不应指名,要经过研究。管,就是要把这件事管起来。这是根本的关键。党委不管,批评就开展不起来,开也开不好。"[2]"开、好、管"三字方针,较好地概括了报纸批评的内涵,是报纸批评应遵循的方针。

---

[1] 邓绍根:《中国共产党报纸批评观念的形成及其方针的确立》,《出版发行研究》2021年第10期。

[2] 中共中央文献研究室、新华通讯社:《毛泽东新闻工作文选》,新华出版社2014年版,第222页。

一、报纸是党用来开展批评与自我批评的最尖锐的武器

批评与自我批评是党的优良作风,也是党用来和一切缺点错误进行斗争的基本方法。1945年7月,毛泽东与黄炎培著名的"窑洞对"就体现了批评与自我批评的观点。当时,黄炎培对毛泽东说:"我生六十多年,耳闻的不说,所亲眼看到的,真所谓'其兴也勃焉','其亡也忽焉',一人,一家,一团体,一地方,乃至一国,不少单位都没有能跳出这周期律的支配力……"毛泽东明确回答:"我们已经找到新路,我们能跳出这周期律。这条新路,就是民主。只有让人民来监督政府,政府才不敢松懈。只有人人起来负责,才不会人亡政息。"①只有充分开展批评与自我批评,才能推动党和国家的各项工作,克服工作中的缺点和错误。为了广泛开展批评与自我批评,党必须充分地和正确地利用报纸这一武器。"报纸担负着组织群众并对群众进行政治教育的任务。报纸和广大的群众有密切的联系,它在实现党对群众的领导方面是党的最重要的助手。显然,只有充分运用报纸这个武器来开展批评与自我批评,才能够最充分地发扬人民群众的积极性和创造性,最有力地揭发和克服党和国家工作中的缺点,最有效地向一切离开和歪曲党的路线的现象进行斗争。"②

报纸是党用来开展批评与自我批评的最尖锐的武器。中国共产党历来重视报纸批评,特别是新中国成立后,更是前所未有地重视。1950年4月19日,《中共中央关于在报纸刊物上展开批评和

---

① 黄炎培:《八十年来》,文史资料出版社1982年版,第148—149页。
② 中国社会科学院新闻研究所:《中国共产党新闻工作文件汇编》(中卷),新华出版社1980年版,第311—312页。

自我批评的决定》要求"在一切公开的场合,在人民群众中,特别是在报纸刊物上展开对于我们工作中一切错误和缺点的批评与自我批评",指出"在报纸刊物上进行批评和自我批评,是为了巩固党与人民群众的联系、保障党和国家的民主化、加速社会进步的必要方法"①。1954年7月17日,中共中央《关于改进报纸工作的决议》责成各地党委并领导党报编辑部,对各自在报纸上开展批评和自我批评的情况做一次认真的检查,要"把报纸是否充分地开展了批评、批评是否正确和干部是否热烈欢迎并坚决保护劳动人民自下而上的批评,作为衡量报纸的党性、衡量党内民主生活和党委领导强弱的尺度;要保证党委的机关报能够经常地开展正确的健全的批评和自我批评;要通过报纸广泛地吸收来自人民群众的意见,正确地负责处理人民来信"②。

二、报纸批评必须要正确

开展报纸批评是为了有利于人民的事业、有利于党的工作和党的团结,不是为批评而批评。报纸批评得正确、对人民有利是开展批评和保证批评正常发展的前提条件。"对于报纸来说,没有批评不行,批评错了也不行,因为这都要使报纸丧失作为武器的作用。报纸编辑部无可推卸的政治责任和严重任务就在于无论如何要做到既能开展批评,又能批评得正确。只有正确,才能显示真理,才能得到群众的拥护;只有正确,才能树立党报的威信,才有和一切抵抗批评的现象进行斗争的自信,从而不怕抵抗并且能够打

---

① 中国社会科学院新闻研究所:《中国共产党新闻工作文件汇编》(中卷),新华出版社1980年版,第5—6页。
② 同上书,第323页。

破抵抗；只有正确，才能够真正收到批评的实际效果，达到对党、对国家、对人民、对工作、以至对被批评者都有帮助的目的。"①

一是要坚持实事求是的原则。报纸批评是严肃科学的，关系到党和国家工作大局及报纸的威信，必须秉持实事求是的科学态度。对于出现的问题，要以事实为依据，"要讲真话，不偷、不装、不吹"②，"对于任何问题应取分析态度，不要否定一切"③。1954年，中共中央《关于改进报纸工作的决议》明确指出："在报纸上发表的批评的事实必须经过认真的调查研究，批评的态度和观点必须正确，严格按照党的原则、中央的决议和党委的意图办事，做到实事求是。"④

二是要坚持与人为善的批评态度。报纸批评的目的是"惩前毖后，治病救人"，最终有利于人民的事业，有利于党的工作和党的团结，不是为批评而批评。毛泽东在《解放日报》改版座谈会上指出："批评应该是严正的、尖锐的，但又应该是诚恳的、坦白的、与人为善的。只有这种态度，才对团结有利。冷嘲暗箭，则是一种销蚀剂，是对团结不利的。"⑤1957年3月10日，毛泽东在同新闻出版界部分代表谈话时又强调，"对人民内部问题进行批评，锋芒也可以尖锐"，"文章要尖锐，刀利才能裁纸，但是尖锐得要帮了人而不是伤了人"⑥，"在

---

① 中国社会科学院新闻研究所：《中国共产党新闻工作文件汇编》（中卷），新华出版社1980年版，第312页。
② 中共中央文献研究室、新华通讯社：《毛泽东新闻工作文选》，新华出版社2014年版，第164页。
③ 《毛泽东选集》第3卷，人民出版社1991年版，第938页。
④ 中国社会科学院新闻研究所：《中国共产党新闻工作文件汇编》（中卷），新华出版社1980年版，第324页。
⑤ 中共中央文献研究室：《毛泽东年谱（1893—1949）》（修订本）（中卷），中央文献出版社2013年版，第371页。
⑥ 中共中央文献研究室、新华通讯社：《毛泽东新闻工作文选》，新华出版社2014年版，第246页。

报纸上开展批评的时候要为人家准备楼梯,否则群众包围起来,他就下不了楼。反对官僚主义也是这样"①。这就是说,开展报纸批评的目的是帮人,而不是伤人,是救人,而不是整人。因此,要合乎分寸、留有余地,要给人进行自我批评、改正错误的机会,而不是一棍子打死。

三是要处理好批评与表扬的关系。在开展批评的同时,表扬也很重要。正如毛泽东所说:"在开展反坏人坏事的广泛斗争达到了一个适当阶段的时候,就应将各地典型的好人好事加以调查分析和表扬,使全党都向这些好的典型看齐,发扬正气,压倒邪气。"②1956年,中共中央发布的《中共中央关于当前农村工作的宣传通知》,对如何处理表扬与批评的辩证关系进行了详细的阐述。"1. 要批评缺点,也要宣传成绩。总的说来,对成绩的宣传应当多于对缺点的批评,这样才符合于我们工作的实际情况,也才有利于鼓舞干部和人民的信心。2. 批评要讲究时机,要讲究火候。在干部和群众还没有认识到缺点和错误时,就应该提出批评揭发错误,引起注意;而在他们已经认识到缺点和错误时,就应该多讲成绩,多讲好处,以鼓舞他们的积极性。3. 对在工作中犯有一般性错误的同志,要批评,也要保护。批评必须是保护性的批评,而不能一笔抹煞他们的成绩,伤害他们的积极性。"③

三、报纸批评必须在党委的领导下进行

报纸批评的政治性、政策性都很强。"有些问题的性质不宜在

---

① 中共中央文献研究室、新华通讯社:《毛泽东新闻工作文选》,新华出版社2014年版,第244页。
② 同上书,第217页。
③ 中央档案馆、中共中央文献研究室:《中共中央文件选集(1949年10月—1966年5月)》(第24册),人民出版社2013年版,第508—509页。

报上公开,公开了就不利于党和人民。有些问题发表的时机要适当,早了迟了就不利于当前的工作和斗争,也就不利于党和人民。"① 开展报纸批评要善于区别正确的批评和破坏性的批评,支持正确的批评,反对破坏性的批评,同时"还应当区别不同的情况,采取不同的方针:对典型的坏人和对那些犯有严重错误而且坚持不改正错误的分子,不只是应该进行批评,而且要进行无情的斗争,给以严重的打击和应有的制裁;而对于在工作中犯了一般性质的缺点和错误,或虽然犯了严重或比较严重的错误但是愿意改正并实行改正的同志,就应该采取同志的态度进行批评,以便大家团结起来,消灭这些缺点和错误"②。在报纸上开展批评时,必须联系国际国内环境,"必需在政治上作周到的考虑,使人民所得的多,敌人能够利用的少"③。"由此可见,报纸上的批评工作必须在党委的领导下进行,才有可能正确地解决如此重大而复杂的问题。只要这一工作多多少少离开了党委的领导,就很难有周到的政治上的考虑,就很难在观点和态度上分清各种政治界限,就很难满足上述对于批评的政治上的严格要求。"④正如毛泽东所说:"党委不管,批评就开展不起来,开也开不好。"⑤

在中共中央《关于改进报纸工作的决议》中,对如何加强党委对报纸批评工作的领导提出了明确的要求:报纸编辑部要在党委的领导下积极负责,严格按照党的原则、中央的决议和党委的意图

---

① 中国社会科学院新闻研究所:《中国共产党新闻工作文件汇编》(中卷),新华出版社 1980 年版,第 314 页。
② 同上书,第 324 页。
③ 同上书,第 323 页。
④ 同上书,第 315 页。
⑤ 中共中央文献研究室、新华通讯社:《毛泽东新闻工作文选》,新华出版社 2014 年版,第 222 页。

办事;党报编辑部和党委如有不同意见,除必须执行党委的决定外,有权向上级党委或上级党委机关报申诉;各级党委应从各方面给报纸编辑部的工作以积极的支持,在组织上加强党委机关报,并责成编辑部努力加强和提高报纸编辑、记者的党性锻炼和政治水平,使编辑和记者们能够担负这一极端严肃的政治任务①。

为了更好地加强对报纸批评的领导,中央制定了一些报纸批评的规定。1950 年 8 月 14 日,中央广播事业局在利用广播进行批评与自我批评工作的指示中规定:"在进行具体的批评与自我批评这一工作上,大行政区台与中央台一般地不是一个适当的武器。因为它的电波发射出去的范围可以远及国外,而向国外听众去播送我国人民内部的批评和自我批评,在大多数情形下是不适宜的。除了影响全区的、带总结性的不妨为敌人听到的问题与事件外,均不宜在区台广播。""省台不像市台一样,它的范围扩及全省,所以省台进行批评与自我批评工作时,只能选择结论性的和省各级政府机关团体部队有普遍教育意义的播送,如果在确有必要批评到某一个人或某一个组织时,要与被批评者的检讨反省同时播送。在省台不应进行枝枝节节的批评。"②1953 年 3 月 19 日,中宣部发出《关于党报不得批评同级党委问题给广西省委宣传部的复示》指出:"关于《宜山农民报》在报纸上批评宜山地委一事,我们认为广西省委宣传部的意见是正确的。党报是党委会的机关报,党报编辑部无权以报纸与党委会对立。党报编辑部如有不同的意见,它可在自己权限内向党委会提出,必要时并可向上级党委、上级

---

① 中国社会科学院新闻研究所:《中国共产党新闻工作文件汇编》(中卷),新华出版社 1980 年版,第 324 页。

② 同上书,第 94 页。

党报直至中央提出,但不经请示不能擅自在报纸上批评党委会,或利用报纸来进行自己与党委会的争论,这是一种脱离党委领导的作法,也是一种严重的无组织无纪律现象。党委会如犯了错误,应由党委会用自己的名义在报纸上进行自我批评。报纸编辑部的责任是:一方面不应在报纸上重复这种错误,另一方面可在自己权限内向党委会直至上级党组织揭发这些错误。报纸编辑部即在上述情况下亦无权以报纸与党委会对立。这是党报在其和党委会的关系中必须遵行的原则。"[①]此原则后来被简化为"党报不得批评同级党委"。

[①] 中国社会科学院新闻研究所:《中国共产党新闻工作文件汇编》(中卷),新华出版社1980年版,第279页。

第三编

中国特色社会主义理论
体系中的舆论理论

第十章　思想中心

1978年年底,党的十一届三中全会胜利召开。这次会议纠正了"以阶级斗争为纲"的"左"倾错误方针,重新确立了解放思想、实事求是的思想路线,把党和国家的工作中心转移到经济建设上来。自此,我国进入改革开放新时期。在政治上,通过揭批"四人帮"、拨乱反正和关于真理标准问题的讨论,全党在思想上达到了统一;在经济上,国民经济逐步好转,各项生产得到迅速恢复,全国上下都在奋力实现工作重心的转移。

要真正实现以经济建设为中心,搞好改革开放,推进社会主义现代化建设,必须有一个稳定的政治、经济和社会环境。正如邓小平所说:"没有一个安定团结的政治局面,就不能安下心来搞建设。"[①]

然而,在改革开放之初,由于"林彪、'四人帮'的流毒,特别是派性和无政府主义的流毒,同一些怀疑社会主义、怀疑无产阶级专政、怀疑党的领导、怀疑马列主义毛泽东思想的思潮相结合,开始在一小部分人中间蔓延"[②],国内出现了一股否定和怀疑党的领导和社会主义制度的思潮,在一些群众特别是青年群体中出现了不少思想混乱和不安定的因素。这些问题不解决,"就可能出现一些

---

① 《邓小平文选》第2卷,人民出版社1994年版,第251页。
② 同上书,第162页。

本来可以避免的大大小小的乱子,使我们的现代化建设在刚刚迈出第一步的时候就遇到严重的障碍"①。

要创造一个安定团结的政治局面,就必须创造一个良好的舆论环境。当时的舆论宣传工作还不能够适应经济形势和政治形势的要求,"主要是没有积极主动、理直气壮而又有说服力地宣传四项基本原则,对一些反对四项基本原则的严重错误思想没有进行有力的斗争","甚至对于一些明目张胆地反对党的领导、反对社会主义的观点,在报刊上以及党内生活中,都很少有人挺身而出进行严肃的思想斗争",致使部分人民群众存在思想混乱,例如有人认为,"坚持四项基本原则会妨碍解放思想,健全社会主义法制会妨碍社会主义民主,对错误意见进行正确的批评是违反'双百'方针"等②。正是在这样的背景下,邓小平从党和国家改革开放和社会主义现代化建设的大局出发,深刻地指出:"改进宣传工作,已经作为保证这次调整的顺利实现、巩固安定团结的政治局面的一项极端重要的任务。"③

邓小平高度重视舆论宣传工作,特别是其在促进社会安定团结方面所起的重要作用。1979年,党中央提出经济工作"调整、改革、整顿、提高"八字方针后,由于工作没有及时跟上,加上物价波动,部分群众的思想有些混乱。邓小平立即指出:"我们的工作一定要跟上,包括我们的舆论工具也要跟上。每个地方、每个单位遇到任何问题,都应该主动向群众宣传和解释,做好工作。"④

---

① 《邓小平文选》第2卷,人民出版社1994年版,第162页。
②③ 新华社新闻研究所:《邓小平论新闻宣传》,新华出版社1998年版,第132页。
④ 《邓小平文选》第2卷,人民出版社1994年版,第229页。

1979年,邓小平对《人民日报》上两篇关于上访问题的评论做过专门考察。9月17日,《人民日报》发表题为《切实解决上访问题》的社论,要求各级党政部门抓紧解决历史遗留问题。由于社论中没有讲清楚到哪里解决问题,随后发生了大批人员赴京上访的现象。10月22日,《人民日报》发表《正确对待上访问题》的社论,明确要求各地党政机关就地解决问题。由于讲得很清楚,赴京上访的人员大大减少。针对这种现象,邓小平说:"《人民日报》对上访问题发表过两篇文章,时间相隔不久。第一篇是九月十七日,文章一出去,上访人员呼噜呼噜地都上来了;第二篇是十月二十二日,文章把道理讲清楚了,上访人员很快就减少了。这说明什么呢?说明单单是报纸的舆论就可以发生这样大的影响。"①这里所说的"报纸的舆论"指的就是新闻舆论。

1980年1月16日,邓小平发表题为《目前的形势和任务》的重要讲话,强调指出:"为了实现安定团结,宣传、教育、理论、文艺部门的同志们,要从各方面来共同努力。……要使我们党的报刊成为全国安定团结的思想上的中心。报刊、广播、电视都要把促进安定团结,提高青年的社会主义觉悟,作为自己的一项经常性的、基本的任务。"②至此,邓小平正式提出"思想中心"这一重要概念,并对其进行了初步阐释。

"思想中心"是邓小平将马克思主义新闻观基本原理同改革开放和社会主义现代化建设实践相结合的产物,围绕如何认识宣传舆论工作在保障、维护和发展改革开放和社会主义现代化建设所需要的安定团结的政治局面的地位作用,以及完成这一使命任务

---

① 《邓小平文选》第2卷,人民出版社1994年版,第228页。
② 同上书,第255页。

的方法路径等方面形成了一套内涵丰富、逻辑严密的理论体系。

"思想中心"要求宣传舆论工作把维护和发展社会稳定作为基本任务。

一方面,要对安定团结的必要性进行更多的解释和报道。邓小平反复强调,"我们搞四化,搞改革开放,关键是稳定"①,"稳定压倒一切"②,舆论宣传部门要把维护和发展社会安定团结的政治局面作为经常性基本任务,要正确把握改革、发展、稳定的辩证关系,要结合不同实际反复宣传长期保持稳定是改革和发展的前提,宣传在稳定中求发展,要有秩序地进行改革。

另一方面,宣传利于安定团结的内容。一是大力宣传社会主义制度的优越性,坚定理想信念。邓小平反复强调,思想战线的同志一定要向群众宣传好社会主义,帮助大家坚定社会主义、共产主义的理想和信念,认清什么是真正的社会主义,如何建设好社会主义;一定要驳倒"社会主义不如资本主义"的谬论,大力宣传"党的领导、党和人民群众团结一致的威力",宣传"社会主义中国的巨大成就和无限前途",宣传"为社会主义中国的前途而奋斗是当代青年的最崇高的使命和荣誉"③。广泛、深入的宣传引导,使广大人民群众认识到这一社会主义的本质,同时认识到社会主义有着美好前途,为社会主义事业奋斗有无上荣光。二是宣传改革开放,推动经济建设。新闻舆论工作者要始终坚持为经济建设服务的方向,大力宣扬以经济建设为中心这一基本路线,不断增强经济宣传的深度和频度。邓小平高度重视经济建设这一中心工作的宣传。

---

① 《邓小平文选》第3卷,人民出版社1993年版,第286页。
② 同上书,第331页。
③ 《邓小平文选》第2卷,人民出版社1994年版,第252—255页。

1984年,他在给《经济参考报》题词时指出:"开发信息资源,服务四化建设。"①1992年,中央电视台《经济信息联播》开办不久,邓小平的秘书给中央电视台打电话,转达了邓小平同志关于《经济信息联播》的谈话。邓小平指出,《经济信息联播》专门谈经济,开办得很及时,节目的时间虽不长,只有30分钟,但每期的内容丰富,节奏明快,信息量大,对我国的经济发展、社会主义市场经济的发育将会起到积极作用②。

此外,"思想中心"不仅赋予舆论宣传新的使命,也对舆论宣传提出更高的要求。

第一,党的报刊要无条件地宣传党的主张。如果党的报刊在重大原则问题上与党的方针步调不一致,就会造成思想混乱和舆论动荡,使得群众无所适从,不仅不能起到"思想中心"的作用,还会对党开展工作造成严重干扰。1980年,邓小平在《目前的形势和任务》讲话中指出:"中央决定了的东西,党的组织决定了的东西,在没有改变以前,必须服从,必须按照党的决定发表意见,不允许对党中央的路线、方针、政策任意散布不信任、不满和反对的意见。党报党刊一定要无条件地宣传党的主张。"③新闻舆论工作者必须无条件地服从党的组织原则,党的舆论机关必须无条件地宣传党的方针政策,必须在政治上、思想上、行动上与党中央完全保持一致。

第二,新闻舆论工作"要以社会效益为一切活动的唯一准则"。1985年9月,邓小平在中国共产党全国代表会议上的讲话中指出:

---

① 新华社新闻研究所:《邓小平论新闻宣传》,新华出版社1998年版,第12页。
② 于广华:《中央电视台大事记》,人民出版社1993年版,第382页。
③ 《邓小平文选》第2卷,人民出版社1994年版,第272页。

"思想文化教育卫生部门,都要以社会效益为一切活动的唯一准则,它们所属的企业也要以社会效益为最高准则。思想文化界要多出好的精神产品,要坚决制止坏产品的生产、进口和流传。资产阶级自由化的宣传,也就是走资本主义道路的宣传,一定要坚决反对。"①这里的思想文化教育卫生部门当然包括新闻舆论宣传部门。新闻舆论工作者要处理好社会效益与经济效益的关系,始终坚持社会效益第一的原则,肩负起"把最好的精神食粮贡献给人民"②的光荣使命。

第三,强化阵地意识,旗帜鲜明地批判错误观点。好的思想不去占领思想阵地,必定有坏的思潮去侵占,导致"好人没有勇气讲话","坏人猖狂得很"③。改革开放后,随着西方资产阶级新闻思想的传入,新闻舆论战线出现了一些思想观念上的混乱。邓小平对此提出了严肃批评,要求舆论宣传"要继续批判和反对封建主义在党内外思想政治方面的种种残余影响","要批判和反对崇拜资本主义、主张资产阶级自由化的倾向,批判和反对资产阶级损人利己、唯利是图、'一切向钱看'的腐朽思想,批判和反对无政府主义、极端个人主义",强调"在思想政治领域把上述的斗争进行到底"④。新闻舆论工作者应以"战士"为己任,以"阵地"为精神家园。

作为邓小平舆论思想的核心,"思想中心"既是对马克思、恩格斯、列宁的"政治中心"和"组织中心"的继承,又是结合改革开放新的历史条件和实践的与时俱进的发展和创新,为后来党提出的坚

---

① 《邓小平文选》第 3 卷,人民出版社 1993 年版,第 145 页。
② 《邓小平文选》第 2 卷,人民出版社 1994 年版,第 211 页。
③ 《邓小平文选》第 3 卷,人民出版社 1993 年版,第 195 页。
④ 《邓小平文选》第 2 卷,人民出版社 1994 年版,第 368—369 页。

持以正面宣传为主的方针、坚持正确的舆论导向等理论与实践奠定了坚实的基础。

一是站在时代高度,从党和国家建设大局考察舆论宣传的地位和作用。"要使我们党的报刊成为全国安定团结的思想上的中心"这一论断,说明不仅要从党和国家某项具体任务、具体方针来看待舆论宣传的性质、地位、作用,还要从党和国家建设中国特色社会主义的总体格局来看待其地位和作用,赋予其新的时代使命,即舆论工作对经济形势和政治形势的稳定发展"关系重大",能够产生"很大影响",要成为为社会主义建设提供安定团结政治局面的"思想中心"。

二是将舆论宣传放在思想战线的整体中来考察和看待。思想战线是中国共产党的一条非常重要的战线,是一个由多个工作部门组成的有机整体。邓小平在《党在组织战线和思想战线上的迫切任务》一文中指出:"加强党对思想战线的领导,克服软弱涣散的状态,已经成为全党的一个迫切的任务。不仅理论界文艺界,还有教育、新闻、出版、广播、电视、群众文化和群众思想政治工作等各个方面,都有类似的或其他的迫切需要解决的问题。"① 在这里,邓小平并不是就新闻论新闻、就舆论论舆论,而是将新闻、出版、广播、电视等的舆论宣传工作明确地界定为思想战线的重要组成部分加以论述的。"思想中心"正是基于这一判断而提出的,升华了理论。邓小平将舆论宣传放在思想战线的整体来考察,对其提出了很高的期望,认为"在社会主义精神文明建设和整个社会主义建设事业中",舆论宣传工作"在思想教育方面的责任尤其重大",舆

---

① 《邓小平文选》第3卷,人民出版社1993年版,第47—48页。

论宣传工作者应当是人类灵魂工程师①。

　　三是充分认清新闻媒体巨大的舆论引导功能。"要使我们党的报刊成为全国安定团结的思想上的中心"这一论断,建立在新闻媒体可以代表舆论、反映舆论,并对舆论产生巨大影响和作用的深刻认识的基础上。它要求党报不仅要向群众传达党的方针、政策,直接发挥组织领导作用,还要强化思想政治教育和舆论引导功能,承担起把广大人民群众的思想和行动凝聚、统一到社会主义现代化建设事业上的职责和使命。舆论宣传对舆论导向、舆论调节发挥着巨大作用。

---

① 《邓小平文选》第3卷,人民出版社1993年版,第40页。

第十一章 舆论导向

"舆论导向"作为中国共产党舆论思想中的一个重要概念,其产生有着深刻的时代背景。

从国际来看,苏联解体、东欧剧变、国际共产主义运动处于低潮,国际格局和世界局势出现重大变化。一方面,面对经济全球化、政治多极化、信息网络化、思想多元化的浪潮,和平和发展成为历史潮流,为我国改革开放和现代化建设提供了机遇;另一方面,虽然冷战已经结束,但西方敌对势力亡我之心不死,持续采取腐蚀、渗透等多种手法,对我国实施"西化""分化"等和平演变政治图谋,"在渗透与反渗透、遏制与反遏制、分裂与反分裂、颠覆与反颠覆上的斗争,将是长期的、复杂的,有时甚至是很尖锐的"①。

从国内来看,改革开放和社会主义市场经济给经济社会带来巨大的生机和活力。但随着国门的打开,大量西方思想学说涌入国内,公众价值观日益多元,思想空前活跃,拜金主义、享乐主义和极端个人主义等资本主义腐朽思想和生活方式也不断滋生蔓延。国内一些人开始散布反对四项基本原则、宣传资产阶级腐朽思想。例如,有的人鼓吹历史虚无主义,歪曲、否定我们党和人民奋斗的历史;有的人鼓吹西方的民主和自由,否定党领导的社会主义制

---

① 尹韵公:《舆论导向,至关重要——学习江泽民新闻思想的体会》,《新闻战线》2006年第10期。

度；有的人主张私有化，否定社会主义初级阶段的基本经济制度；还有的人无视我国经济、政治、文化建设的主流，抓住我们前进中发生的问题和社会上的一些消极现象，否定党的方针政策和改革开放等①。这些错误思潮和观点对人民群众的思想观念和理想信念产生了严重影响，造成了思想上的混乱。

从新闻舆论界来看，随着改革开放不断深化，西方新闻观不断渗入，国内出现了一股否定马克思主义新闻观的思潮。他们将马克思主义新闻学斥为"前科学"，主张全盘引进西方的新闻观念，提出"中国的新闻学需要进行现代新闻意识的启蒙"，宣扬中国新闻学要与世界新闻学"认同"，甚至否认党报的"喉舌功能"，鼓吹"人民性高于党性"，甚至主张"新闻商品化"，认为"新闻在市场经济条件下是一种商品，要按商品的流通规则生产和消费"。这些非马克思主义新闻观的思想观念，给一些新闻舆论工作者造成了思想上、理论上的混乱②。受这些错误观点的影响，新闻舆论工作实践中出现了一些片面追求可读性、收视（收听）率，一味追求经济效益，不重视甚至忽视对舆论宣传政治方向、思想倾向和舆论导向的要求等现象。

最开始重视舆论导向是在1989年"政治风波"发生之后。1989年11月28日，江泽民在中宣部新闻工作研讨班上讲到"政治风波"新闻单位教训时说，有些新闻单位在这次风波中"考试不合格"，"有的甚至可以说是溃不成军"，最大的问题是他们"在舆论导向上发生了严重的错误"③。这是江泽民第一次完整地提出"舆论导向"

---

① 王传寿、许厚今：《江泽民新闻宣传思想研究》，安徽人民出版社2002年版，第72页。
② 同上书，第108页。
③ 中共中央文献研究室：《十三大以来重要文献选编》（中），中央文献出版社2011年版，第196页。

的概念。

1994年1月24日,江泽民在全国宣传思想工作会议上发表重要讲话,指出:"我们的宣传思想工作,必须以科学的理论武装人,以正确的舆论引导人,以高尚的精神塑造人,以优秀的作品鼓舞人。"①他专门就"以正确的舆论引导人"做了重要阐述,指出"正确引导舆论,是党的宣传思想战线非常重要的工作","舆论导向正确,人心凝聚,精神振奋;舆论导向失误,后果严重"②。在这次讲话中,江泽民对舆论导向正确与失误所带来的后果进行了正反对比,引起人们对舆论导向作用的重视。

1996年1月2日,江泽民考察解放军报社,在接见报社师以上干部时发表重要讲话,要求新闻工作者"必须讲政治,必须具有良好的政治素质,具有很强的政治鉴别力和政治敏锐性,必须树立高度的政治责任感。每个同志都要自觉地在思想上、政治上与党中央保持一致,在任何复杂多变的形势面前,都要保持清醒的头脑。这是坚持正确的办报方向,始终保持正确的舆论导向的关键所在"③。在这里,江泽民将政治导向作为舆论导向的核心和关键。

1996年1月24日,江泽民在全国宣传部长会议上就宣传思想战线的任务发表讲话。在谈到以正确的舆论引导人时,他指出,坚持正确的舆论导向,首先要把握好报刊、通讯社、广播电台、电视台、出版社的宣传方向,把这些阵地牢牢地掌握在我们党手里,掌握在马克思主义者手里;其次要抓好三项工作,一是要激励人民,

---

① 中共中央文献研究室:《十四大以来重要文献选编》(上),中央文献出版社2011年版,第565页。
② 同上书,第570页。
③ 中共中央文献研究室:《江泽民思想年编(1989—2008)》,中央文献出版社2010年版,第223页。

二是要服务大局,三是要加强管理①。

1996年9月26日,江泽民在考察人民日报社时再次强调舆论导向的重要性,并提出著名的"祸福论"论断,即"舆论导向正确,是党和人民之福;舆论导向错误,是党和人民之祸"②。

1997年9月12日,党的十五大报告指出:"新闻宣传必须坚持党性原则,坚持实事求是,把握正确的舆论导向。"③"舆论导向"这一概念正式被写进党的最高文件。

从1989年11月28日在中宣部举办的新闻工作研讨班上的讲话,到1996年9月26日考察人民日报社时的讲话,江泽民先后六次关于新闻舆论工作的讲话,阐释了舆论导向丰富的内涵,不仅包括对舆论导向必要性和重要性的强调,还包括关于舆论导向的一整套理论体系。

2002年1月11日,胡锦涛在全国宣传部长会议上强调,一定要坚持新闻工作的党性原则,坚持团结稳定鼓劲、正面宣传为主的方针,牢牢把握正确的舆论导向,努力营造昂扬向上、团结奋进、开拓创新的良好氛围④。

进入新时代,我国新闻传播格局发生了巨大变化,"媒体泛化,新媒强化,受众分化,声音杂化,沟通难化,舆论热点频出,错误观点常用"⑤。新的形势要求新闻舆论工作更加重视舆论导向。习近平对舆论导向提出了一系列新观点新论断新要求。他认为"好的

---

① 《江泽民文选》第1卷,人民出版社2006年版,第501—502页。
② 同上书,第564页。
③ 《中国共产党第十五次全国代表大会文件汇编》,人民出版社1997年版,第38页。
④ 中共中央文献研究室:《十五大以来重要文献选编》(下),中央文献出版社2003年版,第426—427页。
⑤ 本书编写组:《习近平新闻思想讲义》(2018年版),人民出版社、学习出版社2018年版,第65页。

舆论可以成为发展的'推进器'、民意的'晴雨表'、社会的'黏合剂'、道德的'风向标',不好的舆论可以成为民众的'迷魂汤'、社会的'分离器'、杀人的'软刀子'、动乱的'催化剂'"①,指出"舆论导向正确,就能凝聚人心、汇聚力量,推动事业发展;舆论导向错误,就会动摇人心、瓦解斗志,危害党和人民事业"②,并要求新闻舆论工作各个方面、各个环节都要坚持正确舆论导向。

从江泽民、胡锦涛到习近平,党的最高领导人高度重视舆论导向,并围绕舆论导向的地位作用、内涵特征、方法路径等作了全面、深刻、透彻的阐述,形成了体系完整、内涵丰富的理论体系。

一、坚持正确舆论导向的极端重要性和必要性

新闻舆论具有强烈的倾向性、方向性、政治性,是一种道义的精神力量。舆论导向正确与否,对舆论影响很大,会产生巨大的社会作用。中国共产党历来重视舆论的作用,并将其视为新闻舆论工作的生命线。江泽民深刻阐述了舆论导向正确与否同党和国家的利害关系,视其为党的生命的一部分,与党休戚与共,关系党和国家的前途命运。坚持正确舆论导向,也就成为党对新闻舆论工作、意识形态工作领导权的直接体现。

江泽民多次结合党史、国史和新闻舆论工作的实践,来谈舆论导向的重要性和必要性。他在总结1989年"政治风波"舆论工作教训时指出:"我们要清醒地看到,近几年来资产阶级自由化思潮泛

---

① 中共中央文献研究室:《习近平关于社会主义文化建设论述摘编》,中央文献出版社2017年版,第38页。
② 中共中央党史和文献研究院:《十八大以来重要文献选编》(下),中央文献出版社2018年版,第215页。

滥,直到今年春夏之交发生动乱和反革命暴乱,暴露出新闻界存在不少问题,有的还相当严重……这也从反面说明了新闻工作的极端重要性,说明新闻宣传一旦出了大问题,舆论工具不掌握在真正的马克思主义者手中,不按照党和人民的意志、利益进行舆论导向,会带来多么严重的危害和巨大的损失。"①

1994年,在全国宣传思想工作会议上,江泽民特别强调舆论导向的重要性,指出:"在党的基本路线指引下,掌握实际情况,正确引导舆论,是党的宣传思想战线非常重要的工作。目前,我国的报纸、刊物的数量很多,广播电视网遍布全国,每天同广大群众见面,随时随地影响着群众的思想和行动。舆论导向正确,人心凝聚,精神振奋;舆论导向失误,后果严重。正反两方面的经验告诉我们,引导舆论,至关重要。"②

1996年1月2日,江泽民考察解放军报社,在接见报社师以上干部时发表重要讲话,指出:"我们的报纸办得好,可以对党的路线、方针、政策和任务起到有力的宣传、贯彻作用,对群众起到极大的动员、鼓舞作用,对先进的东西起到积极的倡导弘扬作用,对错误的东西起到及时的制止、纠正作用,还可以对科学知识起到广泛的传播、普及作用。如果办得不好,尤其是政治上出了偏差,那就会向古人所说的'谬误出于口,则乱及万里之外',不仅容易把人们的思想搞乱,有的还可能在国内外造成不良影响。"③

---

① 中共中央文献研究室:《十三大以来重要文献选编》(中),中央文献出版社2011年版,第196页。
② 中共中央文献研究室:《十四大以来重要文献选编》(上),中央文献出版社2011年版,第570页。
③ 中共中央文献研究室:《江泽民思想年编(1989—2008)》,中央文献出版社2010年版,第223页。

1996年9月26日,江泽民在考察人民日报社时指出:"历史经验反复证明,舆论导向正确与否,对于我们党的成长和壮大,对于人民政权的建立和巩固,对于人民的团结和国家的繁荣富强,具有重要作用。"[1]他提出了著名的"祸福论"论断,以党和人民之福或之祸来概括舆论导向正确或错误造成的后果,将舆论导向的重要性提到了新的高度。

习近平更是将"高举旗帜,引领导向"放在新时代党的新闻舆论工作的职责使命的第一位,将其称为新闻舆论工作政治性和导向作用的集中体现,关系旗帜、道路、方向这些关乎党和国家前途命运的根本性问题,进一步升华了对舆论导向的认识。

二、坚持正确舆论导向的层次和覆盖面

舆论导向也有层次问题。江泽民认为,舆论导向首先是政治导向,关键在坚持党性原则。对此,他从多个方面论述过,诸如"坚持正确的舆论导向,首先要把握好报刊、通讯社、广播电台、电视台、出版社的宣传方向,把这些阵地牢牢地掌握在我们党手里,掌握在马克思主义者手里"[2]等。对于在新闻媒体上出现的所谓政治多元化、经济私有化、全盘西化论、马列主义过时论等资产阶级自由化思想,他要求所有新闻舆论单位绝不能再为资产阶级自由化提供阵地,要"认真地积极地组织力量,根据自己的读者对象,写出一批有说服力的高质量的批判文章,以澄清那些反动的错误的观点在人们头脑中造成的思想混乱"[3],一定要"把坚定正确的政治方

---

[1] 《江泽民文选》第1卷,人民出版社2006年版,第563—564页。
[2] 同上书,第501—502页。
[3] 中共中央宣传部新闻局:《中国共产党新闻工作文献选编(1938—1989)》,人民出版社1990年版,第190页。

向放在一切工作的首位,坚持正确的舆论导向"①。他还要求新闻宣传工作者,"必须讲政治,必须具有良好的政治素质,具有很强的政治鉴别力和政治敏锐性,必须树立高度的政治责任感。每个同志都要自觉地在思想上、政治上与党中央保持一致,在任何复杂多变的形势面前,都要保持清醒的头脑。这是坚持正确的办报方向,始终保持正确的舆论导向的关键所在"②。在重视政治导向的同时,也不能忽略其他方面的导向,如道德导向、消费导向、生活导向、娱乐导向等。这些导向虽然是非政治的,但是对人们的思想认识、价值取向等可能产生重大影响,还有的可以从非政治导向转化为政治性导向③。

报道有思想,舆论有倾向。舆论导向渗透在所有媒体空间中,贯穿在所有媒体工作中。坚持正确舆论导向是对所有媒体和所有报道形式的普遍要求。习近平强调:"新闻舆论工作各个方面、各个环节都要坚持正确舆论导向。各级党报党刊、电台电视台要讲导向,都市类报刊、新媒体也要讲导向;新闻报道要讲导向,副刊、专题节目、广告宣传也要讲导向;时政新闻要讲导向,娱乐类、社会类新闻也要讲导向;国内新闻报道要讲导向,国际新闻报道也要讲导向。"④所有媒体的新闻信息在采集、撰写、编排、发布的各个环节,都存在政治的把关、是非的把关,道德的把关,要树立全方位坚持舆论导向的意识,把导向意识贯穿到工作的全过程,体现在工作的各个方面,做到坚持正确舆论导向全覆盖、无死角,使正确舆论

---

① 《江泽民文选》第1卷,人民出版社2006年版,第564页。
② 中共中央文献研究室:《江泽民思想年编(1989—2008)》,中央文献出版社2010年版,第223页。
③ 王传寿、许厚今:《江泽民新闻宣传思想研究》,安徽人民出版社2002年版,第116页。
④ 《习近平谈治国理政》第2卷,外文出版社2017年版,第332—333页。

导向成为引领整个新闻舆论工作的旗帜。

三、坚持正确舆论导向的价值判断标准

舆论作为一种社会现象,自身具有多元化的特点,存在正确和错误之分,因此,确立舆论导向的价值标准至关重要。江泽民结合我国改革开放和社会主义市场经济建设实际,确立了坚持正确舆论导向的价值标准,即"五个有利于":有利于进一步改革开放,建立社会主义市场经济体制,发展社会生产力;有利于加强社会主义精神文明建设和民主法制建设;有利于鼓舞和激励人们为国家富强、人民幸福和社会进步而艰苦创业、开拓创新;有利于人们分清是非,坚持真善美,抵制假恶丑;有利于国家统一、民族团结、人民心情舒畅、社会政治稳定[①]。坚持正确舆论导向,就是要牢牢把握政治方向,服从服务党和国家工作大局,贯彻"五个有利于"也就成为衡量舆论导向正确与否的根本标准。

舆论导向作为中国共产党舆论思想的重要概念,丰富和发展了马克思主义新闻观关于舆论的认识。江泽民从历史和时代的高度,提出著名的"祸福论"论断,并指出:"舆论工作就是思想政治工作,是党和国家的前途命运所系的工作","是党的生命的一部分"[②]。将舆论导向提到党和国家的前途命运所系的高度来认识,这在马克思主义新闻思想史上还是第一次,充分彰显出对舆论工作的重要性比以往有了更突出、更重要的认识。

---

① 中共中央文献研究室:《江泽民思想年编(1989—2008)》,中央文献出版社2010年版,第146页。

② 《江泽民文选》第1卷,人民出版社2006年版,第564页。

第十二章 舆论引导

改革开放40多年来,我国经济快速发展,已经成为仅次于美国的第二大经济体,国家整体实力大大提升,国际影响力日益提高,世界的关注度也越来越高。我国日益走向世界舞台的中央,成为一支重要的力量。随着我国改革开放的深入推进,中国与世界的联系越来越紧密,关联度越来越强,国内问题和国际问题的界限日益模糊,常常是你中有我,我中有你。国内外舆论互相影响、彼此渗透,形成错综复杂的舆论态势。在此背景下,舆论引导不仅面临国内的社会压力,还要面对严峻复杂的国际挑战。正如胡锦涛所说:"世界范围内各种思想文化交流、交融、交锋更加频繁,'西强我弱'的国际舆论格局还没有根本改变,新闻舆论领域的斗争更趋激烈、更趋复杂。在这样的情况下,新闻宣传工作任务更为艰巨、责任更加重大。"[①]

党的十六大开启了全面建设小康社会的新征程,我国经济社会发展进入一个新的历史阶段。在经济社会建设取得飞速发展的同时,我国也进入了市场经济体制改革完善期、经济结构战略调整期和社会矛盾凸显期的"三期叠加"阶段。特别是随着改革开放的不断深化、对外开放的不断扩大,我国社会经济成分、组织方式、就业方式、利益关系和分配方式日益多元化,人们思想活动的独立

---

① 胡锦涛:《在人民日报社考察工作时的讲话》,人民出版社2008年版,第3页。

性、选择性、多变性、差异性明显增强,社会思想空前活跃,社会价值观日趋多样。虽然经过全党全国的共同努力,与社会主义市场经济相适应的思想道德体系初步形成,但在各种因素的影响下,各种非马克思主义的意识形态也有所滋长,小生产的思想观念、封建残余的思想观念、愚昧落后的思想观念、资产阶级腐朽的思想观念并未消除。各种思想相互渗透、相互激荡更加突出,意识形态领域影响社会稳定和干部群众思想的因素越来越复杂多样,统一思想的工作比过去要艰巨得多。

信息传播技术的巨大进步,助推我国互联网的飞速发展,使得社会舆论形成机制、传播机制发生了深刻变化,在很大程度上改变了我国社会的舆论格局。原先由报纸、广播、电视等传统媒体主导的媒介生态和舆论环境发生了根本性变化,形成了传统媒体和新兴媒体相互交融互动、协同发展的新格局,舆论引导呈现出多层次、多元化的新态势。在这种新的态势下,如何保持传统媒体在舆论引导中的主导地位,同时发挥新媒体的独特作用,成为摆在新闻舆论工作者面前的重大现实课题。

1994年全国宣传思想工作会议上,江泽民在讲话中多次提到"以正确的舆论引导人""正确引导舆论"等观点。这里的"舆论"和"引导"只是两个词语的组合,重在对舆论导向进行阐释,还不是一个独立的概念。真正将"舆论引导"作为一个独立概念提出并进行系统论述的是胡锦涛。2002年1月11日,胡锦涛在全国宣传部长会议上指出,"现代社会,舆论对人们思想和行为的影响越来越大。做好统一思想的工作,必须高度重视并充分发挥舆论引导的作用"[1],并

---

[1] 中共中央文献研究室:《十五大以来重要文献选编》(下),中央文献出版社2003年版,第426页。

要求新闻媒体"要尊重舆论宣传的规律,讲求舆论宣传的艺术,不断提高舆论引导的水平和效果"①。

胡锦涛不仅第一次完整提出了"舆论引导"的概念,而且对其进行了全面、系统的论述。2008年1月,胡锦涛在全国宣传思想工作会议上强调,新闻媒体要"提高舆论引导能力,进一步为改革发展稳定营造良好氛围"②。2008年6月20日,胡锦涛到人民日报社考察,发表重要讲话。他指出:"新闻宣传工作要高举旗帜、围绕大局、服务人民、改革创新,坚持正确舆论导向,提高舆论引导能力,营造良好舆论环境,更好地发挥宣传党的主张、弘扬社会正气、通达社情民意、引导社会热点、疏导公众情绪、搞好舆论监督的重要作用。"③关于舆论引导的重要性,胡锦涛在这次讲话中提出了"舆论引导正确,利党利国利民;舆论引导错误,误党误国误民"④的著名论断。该论断由于与"祸福论"在句式表达上非常相似,因而被称为"利误论"。胡锦涛在讲话中特别强调"要把提高舆论引导能力放在突出位置",并就提高舆论引导能力提出了"五个必须"(必须坚持党性原则,牢牢把握正确舆论导向;必须坚持以人为本,增强新闻报道的亲和力、吸引力、感染力;必须不断改革创新,增强舆论引导的针对性和实效性;必须加强主流媒体和新兴媒体建设,形成舆论引导新格局;必须切实抓好队伍建设,增强凝聚力和战斗力)⑤,对提高舆论引导能力的目标、任务、原则、方法等进行了较为系统的论述。

---

① 中共中央文献研究室:《十五大以来重要文献选编》(下),中央文献出版社2003年版,第428页。
② 《胡锦涛文选》第3卷,人民出版社2016年版,第63页。
③④ 胡锦涛:《在人民日报考察时的讲话》,人民出版社2008年版,第4页。
⑤ 同上书,第4—8页。

胡锦涛站在新的历史起点上,创造性地提出"舆论引导"这一概念,并对新形势下舆论引导工作作出系统性、深入性的阐述,提出了一系列新观点、新论断。习近平结合新时代新闻舆论工作实际,对"舆论引导"这一重要概念进行了补充和完善。舆论引导形成了较为完整的思想理论体系和方法体系。

一、舆论引导是加强党的执政能力建设的重要构成

中国共产党的执政地位不是与生俱来的,也不是一劳永逸的,党需要与时俱进地提升执政能力和领导水平。胡锦涛指出:"现代社会,宣传舆论的社会影响力越来越大,能不能把宣传舆论工作抓在手上,关系人心向背,关系事业兴衰,关系党的执政地位。善于做好新形势下的宣传思想工作,是加强党的执政能力建设的重要内容,也是对我们党领导水平和执政水平的一个重要考验。"[①]

2004年9月发布的《中共中央关于加强党的执政能力建设的决定》中,将舆论引导能力作为党的执政能力的重要组成部分,明确要求"坚持党管媒体的原则,增强引导舆论的本领,掌握舆论工作的主动权。坚持团结稳定鼓劲、正面宣传为主,引导新闻媒体增强政治意识、大局意识和社会责任感"[②],将"牢牢把握舆论导向,正确引导社会舆论"纳入党的执政能力总体设计中。2006年10月,胡锦涛在党的十六届六中全会第二次全体会议的讲话中指出:"加强和改善党对新闻媒体的领导,有效引导社会舆论,是加强党的执

[①] 《胡锦涛在全国宣传思想工作会议上的讲话》,《人民日报》2003年12月7日。
[②] 中共中央文献研究室:《十六大以来重要文献选编》(中),中央文献出版社2006年版,第284—285页。

政能力建设的重要方面。"①在 2008 年全国宣传思想工作会议上,胡锦涛再次强调:"各级领导干部要充分认识新闻舆论的重要作用,善于通过新闻宣传推动实际工作,热情支持新闻媒体采访报道,正确对待舆论监督,提高同媒体打交道能力。"②同年 6 月 20 日,胡锦涛在视察人民日报社时提出了舆论引导"利误论"的新概括,这是对"祸福论"的创新和发展,强调在坚持正确舆论导向的前提下,还要重视方法的正确、策略的科学。胡锦涛将新闻媒体视为党的一种执政资源,将舆论引导提升到党的执政能力建设的高度,反映了党对新闻舆论认识的拓展与深化。

二、增强舆论引导的针对性和实效性

第一,尊重舆论宣传的规律,讲究舆论宣传的艺术。舆论宣传的专业性很强,无论是专业理念、职业规范还是运行规则都有自身的客观规律。如果不尊重其中的规律,甚至干涉、违背信息生产、传输、消费的规律,舆论引导的效果就会大打折扣,甚至会产生负效果。胡锦涛多次强调舆论引导工作要"尊重规律""把握规律性""按照规律办事",要求舆论引导要科学地认识和把握新形势下新闻舆论工作的特点和规律,形成新思路,探索新办法,开拓新途径,取得新成效。胡锦涛就如何提高舆论引导的水平和效果进行了系统全面的论述。他指出:"要全面宣传中央精神,及时反映社情民意,真正使我们的宣传报道贴近群众,打动人心、赢得人心。要善于用事实说话,用实践的结果说服人、教育人,使广大干部群众通

---

① 《胡锦涛文选》第 2 卷,人民出版社 2016 年版,第 529 页。
② 《胡锦涛文选》第 3 卷,人民出版社 2016 年版,第 64 页。

过经济发展和社会进步的巨大变化来认识党的路线方针政策的正确性,进一步增强对我们国家未来发展的信心。要重视对社会热点问题和敏感问题的引导,自觉地从大局出发考虑问题,掌握好政策,把握好尺度,做好理顺情绪、平衡心理、化解矛盾的工作。要正确开展舆论监督,注意区分社会生活中的主流和支流,既大胆揭露和批评各种社会不良现象,又防止人为炒作带来消极影响,使舆论监督真正起到扶正祛邪、激浊扬清的作用。要切实加强互联网上的舆论宣传,进一步办好重点新闻网站,不断增强网上宣传的影响力和战斗力。各类新闻媒体都要发挥自己的优势,办出自己的特色,同时又要加强协调,形成积极健康的主流舆论,更好地发挥舆论引导的作用。"①

第二,提升舆论引导力。舆论引导是一种方法、手段,也是一种艺术,舆论引导力为其提供理论和实践上的指导和支持。胡锦涛非常重视舆论引导能力建设,多次要求新闻媒体"坚持正确舆论导向,提高舆论引导能力","要把提高舆论引导能力放在突出位置","不断提高舆论引导的权威性、公信力、影响力"。"舆论引导力"这一概念是由习近平最先提出来的。2016年2月19日,习近平在党的新闻舆论工作座谈会上指出:"尊重新闻传播规律,创新方法手段,切实提高党的新闻舆论传播力、引导力、影响力、公信力。"②在党的十九大报告中,习近平再次强调:"高度重视传播手段建设和创新,提高新闻舆论传播力、引导力、影响力、公信力。"③引

---

① 中共中央文献研究室:《十五大以来重要文献选编》(下),中央文献出版社2003年版,第428页。
② 《习近平在党的新闻舆论工作座谈会上强调 坚持正确方向创新方法手段 提高新闻舆论传播力引导力》,《人民日报》2016年2月20日。
③ 《习近平谈治国理政》第3卷,外文出版社2020年版,第33页。

导力是新闻舆论传播力、影响力和公信力的终极指向,是舆论引导实效性的表征。引导力的提出标志着我们党对舆论引导的认知越来越成熟。

第三,善于设置议题。引导舆论,关键在于善于设置议题,让该热的热起来,该冷的冷下去,该说的说到位。胡锦涛要求舆论引导要"认真研究新闻传播的现状和趋势,深入研究各类受众群体的心理特点和接受习惯,加强舆情分析,主动设置议题,善于因势利导"①。习近平多次指出,对新闻媒体而言,"报道什么、不报道什么,多宣传什么、少宣传什么,都要从大局出发,体现大局要求"②。善于设置议题,成为增强舆论引导工作的针对性和实效性的重要方面。新闻舆论工作要围绕党和国家工作大局和战略布局设置议题,让这类议题成为社会舆论的热点话题,不能让纸醉金迷、花天酒地、钩心斗角、炫耀财富、杀人越货、八卦新闻占据舆论场。

第四,把握好时度效。时度效是检验舆论引导水平的重要标尺,对于提升舆论引导水平至关重要。胡锦涛就增强舆论引导的针对性和实效性特别强调:"要深入研究新形势下各种受众群体的接受习惯和心理特点,把我们所倡导的和群众所需要的紧密结合起来,从群众的关注点和兴奋点入手,把握好舆论引导的时机、节奏、力度。"③习近平对舆论引导的时度效做过专门论述。他指出:"关键是要提高质量和水平,把握好时、度、效,增强吸引力和感染力,让群众爱听爱看、产生共鸣,充分发挥正面宣传鼓舞人、激励人

---

① 《胡锦涛在人民日报社考察工作时的讲话》,《人民日报》2008年6月21日。
② 本书编写组:《习近平新闻思想讲义》(2018年版),人民出版社、学习出版社2018年版,第85页。
③ 《胡锦涛文选》第2卷,人民出版社2016年版,第529页。

的作用。在事关大是大非和政治原则问题上,必须增强主动性、掌握主动权、打好主动仗,帮助干部群众划清是非界限、澄清模糊认识。"①时,是解决舆论反映机制问题。时效决定成效,把握好事件、节奏,重视首发效应,做好早和快的文章,舆论引导就能事半功倍。度,是解决舆论传播方式方法问题。度的把握是舆论引导的大学问,精心把控、精准拿捏,恰如其分,舆论引导才能取得良好效果。效,是解决舆论引导的实效性。舆论引导最终看效果。舆论引导应以统一思想、凝聚共识为追求。时度效三方面是一个不可分割的整体,要将三者有机结合起来,做到合时、适度、有效,舆论引导工作才能真正增强针对性和实效性。

三、构建舆论引导新格局

随着信息传播技术的飞速发展,以互联网为代表的新兴媒体打破了传统主流媒体主导的舆论格局,成为人们获取信息的重要渠道、党和政府联系群众的重要纽带、社会舆论的重要载体。胡锦涛对新媒体发展后的传播格局有着清醒的认识,对由此带来的舆论生态的变化也有深刻的揭示。他指出,"互联网已成为思想文化信息的集散地和社会舆论的放大器,我们要充分认识以互联网为代表的新兴媒体的社会影响力,高度重视互联网的建设、运用、管理,努力使互联网成为传播社会主义先进文化的前沿阵地、提供公共文化服务的有效平台、促进人们精神生活健康发展的广阔空间"②。

2006年,在党的十六届六中全会第二次全体会议上,胡锦涛强调:"要从社会舆论多层次的实际出发,发挥各方面作用,努力形成

---

① 习近平:《论党的宣传思想工作》,中央文献出版社2020年版,第16页。
② 胡锦涛:《在人民日报社考察工作时的讲话》,人民出版社2008年版,第7页。

以宣传部门为主导、实际工作部门相配合、各类媒体齐心协力的舆论引导工作机制。要研究媒体分众化、对象化新趋势,坚持以党报党刊、电台电视台为主,有效管理整合都市类媒体、网络媒体等多种宣传资源,努力构建定位明确、特色鲜明、功能互补、覆盖广泛的舆论引导格局。"①胡锦涛提出了"舆论引导格局"这一命题,并提出了通过主流媒体和新兴媒体的双重建设构建舆论引导的新格局。他指出,"要把发展主流媒体作为战略重点,加大支持力度,扩大覆盖面和影响力"②;同时"要切实加强互联网上的舆论宣传,进一步办好重点新闻网站,不断增强网上宣传的影响力和战斗力"③。2011年2月,胡锦涛在省部级领导干部社会管理及创新专题研讨班开班式上进一步提及要进一步加强和完善信息网络管理,提高对虚拟社会的管理水平,健全网上舆论引导机制,加强网络舆情分析和研判,建立网络舆情监测体系④。

"舆论引导"是中国特色社会主义新闻舆论观的一部分,具有鲜明的中国经验和中国实践的特征。"舆论引导"概念的丰富和完善,标志着中国共产党舆论思想进入新的发展时期,达到新的理论发展水平。

第一,将舆论引导放在党和国家战略框架中统筹部署,深化了对舆论引导功能作用的认识。2006年党的十六届六中全会通过的《中共中央关于构建社会主义和谐社会若干重大问题的决定》中强调,"正确的思想舆论导向是促进社会和谐的重要因素",要"宣传党的主张,弘扬社会正气,通达社情民意,引导社会热点,疏导公众

---

① 《胡锦涛文选》第2卷,人民出版社2016年版,第529页。
② 胡锦涛:《在人民日报社考察工作时的讲话》,人民出版社2008年版,第7页。
③ 中共中央文献研究室:《十五大以来重要文献选编》(下),人民出版社2003年版,第2218页。
④ 《胡锦涛文选》第3卷,人民出版社2016年版,第504—505页。

情绪",为社会主义和谐社会"营造积极健康的思想舆论氛围"①。文件正式将舆论引导工作纳入社会主义市场经济、社会主义文化建设、社会主义民主政治、社会主义和谐社会建构四位一体总体布局中,在中国特色社会主义伟大事业和党的建设伟大工程的战略框架中部署和强调。舆论引导"利误论"更是对舆论宣传"思想中心说"和舆论导向"祸福论"的继承和发展,在继承党性原则的同时,把舆论引导工作放在党和国家工作战略全局和党的执政能力建设的战略框架中,辩证地处理了舆论导向的自觉性与提高舆论引导的有效性之间的关系,把正确舆论导向放在首位与把提高舆论引导能力放在突出位置有机结合起来,实现政治立场、党性原则和工作目标的统一,态度和水平的统一,将对舆论引导的认识提高到新高度,对舆论引导实践具有重要的指导意义。

第二,强调引导主体的主动作为和引导实效,对舆论引导工作实践具有较强的指导意义。舆论导向虽然也强调要以正确的舆论引导人,内蕴着舆论引导的意涵,但它的重心是引导方向的正确,突出的是新闻舆论对社会舆论正确的导向作用,某种程度上还是将公众视为教育对象的传者本位。舆论引导不仅把坚持正确舆论导向放在首位,还把提高舆论引导能力放在突出位置,突出强调引导主体的引导能力和水平,强调引导过程的艺术性、实效性和合规律性。在这种强调中,"对公众及其舆论的尊重和传者自身位置的下移之意味显得分外浓重"②,更加彰显对宣传舆论规律和受众主体地位的尊重。

---

① 《中共中央关于构建社会主义和谐社会若干重大问题的决定》,人民出版社2006年版,第23—24页。
② 樊亚平、刘静:《舆论宣传·舆论导向·舆论引导——新时期中共新闻舆论思想的历史演进》,《兰州大学学报(社会科学版)》2011年第7期。

第十三章 舆论监督

1978年年底,中央工作会议和党的十一届三中全会相继召开,实现了党在政治路线、组织路线和思想路线上的拨乱反正,重新确立了解放思想、实事求是的路线,党内监督得到逐步恢复和发展。随后,党的中央和地方各级纪律检查委员会相继设立,党内形成了专门的监督系统。1980年2月,党的十一届五中全会通过《关于党内政治生活的若干准则》,就发扬党内民主、接受党和群众的监督等方面作出了具体规定,明确指出:"党员有权在党的会议上和党的报刊上参加关于党的政策的制定和实施问题的讨论,有权在党的会议上对党的任何组织和个人提出批评。""党组织应当欢迎党员群众的批评和建议,并且鼓励党员为了推进社会主义事业提出创造性的见解和主张。"[①]

与此同时,新闻舆论界逐渐恢复了报刊批评的优良传统,"读者来信"专栏不断恢复,批评性报道日益增多,报纸逐渐恢复了生机和活力。1977年,《人民日报》率先恢复"读者来信"专栏,收到大量群众来信,每周开辟半个版面摘要刊登这些反映群众工作、学习和生活的批评性报道。随后,《光明日报》、中央人民广播电台、中央电视台等媒体也都开辟"读者来信""舆论监督"等专栏,反映群

[①] 中共中央纪律检查委员会办公厅:《中国共产党党风廉政建设文献选编》(1921—2000)(第一卷),中国方正出版社2001年版,第749—750页。

众的意见和呼声。此外,新闻界还推出了一批影响力巨大的批评性报道。1979年11月25日,石油部海洋石油勘探局"渤海2号"钻井船在迁移途中沉没,导致72人死亡,直接经济损失高达3 700多万元。事发后,石油部领导不仅没有追究责任,反而谎报情况,企图"把丧事当喜事办"。1980年7月,《人民日报》《光明日报》同时报道了这次事故。随后,多家媒体进行了大量报道,披露了事实真相。在强大的舆论影响下,8月25日,国务院作出严肃处理事故相关责任者的决定。该事件的报道充分发挥出报纸批评的巨大威力,导致石油部部长被撤职,副总理被记大过,国务院公开检讨,这是新中国成立以来的第一次①。

党中央高度评价、充分肯定逐步恢复的报纸批评。1981年1月,中央颁布《关于当前报刊新闻广播宣传方针的决定》(简称《决定》),为媒体开展批评性报道提供政策依据。《决定》指出:"近年来,许多报纸刊物重视反映群众的意见和呼声,积极地开展批评和自我批评,增强了党和人民群众的联系,也提高了报刊和党的声誉。今后还要坚持这样做。各级党委要善于运用报刊开展批评,推动工作。"②同时强调:"对于不正之风,要坚持进行批评斗争。首先要反对的是对三中全会以来党的路线、方针、政策进行抵制或另搞一套、阳奉阴违这样一种不正之风。当然,对官僚主义和生活特殊化的批评和纠正也是必要的。"③

"舆论监督"这一概念最早出现在1987年党的十三大报告中。

---

① 王强华、王荣泰、徐华西:《新闻舆论监督理论与实践》,复旦大学出版社2007年版,第30页。
②③ 中共中央宣传部新闻局:《中国共产党新闻工作文献选编(1938—1989)》,人民出版社1990年版,第51页。

报告明确指出:"要通过各种现代化的新闻和宣传工具,增加对政务和党务活动的报道,发挥舆论监督的作用,支持群众批评工作中的缺点错误,反对官僚主义,同各种不正之风作斗争。"①在这里,舆论监督被视为一种对政务党务活动进行公开监督的形式,通过新闻传播媒介实施,目的是纠正党政机关及其工作人员的缺点错误。至此,"舆论监督"正式成为党的政治理论话语和新闻舆论工作核心概念之一。党的十四大报告到党的十九大报告均有提及舆论监督,舆论监督也逐渐"进入中国的政治生活层面,并开始融入中国的民主政治生活"②。

"舆论监督"概念提出后,党的历代领导人对其高度重视,围绕舆论监督的性质、作用、特点等发表了一系列重要论述,并且结合不同历史时期的实际不断注入新的内涵,形成了不同历史时期的舆论监督观。

邓小平在继承毛泽东舆论监督思想的基础上,结合建设中国特色社会主义的伟大实践,在其主持通过的党的十三大报告中第一次将舆论监督写入党的文件,并对其作了系统性的论述。一是从党的建设和社会主义民主法制建设的高度看待舆论监督。邓小平认为,舆论监督有利于保证党的重大决策的正确性,有利于克服主观主义、官僚主义、宗派主义等不正之风,有利于遏制党内出现的腐败现象。他强调,党的组织和共产党员必须接受党的监督和群众监督,如果"不受监督,不注意扩大党和国家的民主生活,就一

---

① 《中国共产党第十三次全国代表大会文件汇编》,人民出版社1987年版,第53—54页。
② 沈正赋:《舆论宣传·舆论监督·舆论引导:中国共产党舆论思想发展进路研究》,《新闻与传播评论》2019年第2期。

定要脱离群众,犯大错误"①。邓小平将舆论监督视为社会主义民主建设不可或缺的手段,指出要继续发展社会主义民主,健全社会主义法制,要通过发扬小民主的办法来避免大民主,因此要让群众有说话的地方,有出气的地方,有申诉的地方。二是舆论监督要以大局为重,同时讲究策略方法。邓小平指出,舆论监督必须要有全局观念,要服从和服务于党和政府工作的大局。他强调,对党的工作中的缺点,可以进行监督和批评,但"在什么范围讨论,用什么形式讨论,要合乎党的原则,遵守党的决定。否则,如果人人自行其是,不在行动上执行中央的方针政策和决定,党就要涣散,就不可能统一,不可能有战斗力"②。在以大局为重的同时,邓小平还非常注重舆论监督的策略方法,多次强调报纸批评"应该是建设性的批评,应该提出积极的改进意见"③,"批评的方法要讲究,分寸要适当,不要搞围攻、搞运动"④,"报纸搞批评,要抓住典型,有头有尾,向积极方面诱导,有时还要有意识地作好坏对比。这样的批评与自我批评才有力量,才说明是为了改进工作,而不是消极的"⑤。

江泽民结合改革开放不断深化和社会主义市场经济日益成熟等新形势,对舆论监督进行了新的探索。江泽民强调,要在坚持正确舆论导向的前提下,开展建设性舆论监督。他多次指出,社会生活中有光明面,也有阴暗面。阴暗面的情况、性质也各不相同。对于人民内部的缺点错误,也应进行揭露和批评,但这种批评是"恨铁不成钢",目的是以同志式的态度帮助克服缺点,纠正错误。舆

---

① 《邓小平文选》第1卷,人民出版社1994年版,第270页。
②③ 《邓小平文选》第2卷,人民出版社1994年版,第272页。
④ 同上书,第390页。
⑤ 《邓小平文选》第1卷,人民出版社1994年版,第150页。

论监督应着眼于帮助党和政府改进工作，解决实际问题，增进人民团结，维护社会稳定。为了让舆论监督更加稳妥，发挥正确舆论导向的作用，江泽民对舆论监督业务层面提出了明确要求。他指出："重要的批评报道，要同有关的主管单位联系，听取他们的意见。批评报道发表以后，还要报道处理的结果，这也有利于提高报纸的威信。"①江泽民不仅重视舆论监督工作，还将舆论监督作为社会监督系统中的一个组成部分，要求舆论监督与法律监督、行政监督形成合力。1992年10月，江泽民在党的十四大报告中明确强调："强化法律监督机关和行政监察机关的职能，重视传播媒介的舆论监督，逐步完善监督机制，使各级国家机关及其工作人员置于有效的监督之下。"②在党的十五大报告中，江泽民再次强调："把党内监督、法律监督、群众监督结合起来，发挥舆论监督的作用。"③

党的十六大以来，胡锦涛高度重视舆论监督的法规制度建设，一个"以党章为核心，以监督条例为主干，以配套规定和其他监督规范为重要补充的党内监督法规制度体系初步形成"④，为舆论监督健康发展提供了制度保障。2004年2月，党中央颁布了《中国共产党党内监督条例（试行）》（简称《条例》），从十个方面详细地规定了党内监督的各项制度规范。《条例》将舆论监督列为十种监督制度之一，用一节的篇幅专门作了具体的规定。这是党中央第一次将舆论监督列入党内法规。《条例》对党组织和党员领导干部接受舆论监督作了明确规定，"党的各级组织和党员领导干部应当重视

---

① 中共中央文献研究室：《十三大以来重要文献选编》（中），中央文献出版社2011年版，第204页。
② 《中国共产党第十四次全国代表大会文件汇编》，人民出版社1992年版，第34页。
③ 《中国共产党第十五次全国代表大会文件汇编》，人民出版社1997年版，第35页。
④ 乔云霞：《论中共主要领导人舆论监督思想的发展》，《新闻学论集第26辑》2011年6月。

和支持舆论监督,听取意见,推动和改进工作",同时也对新闻媒体开展舆论监督提出了明确要求,"新闻媒体应当坚持党性原则,遵守新闻纪律和职业道德,把握舆论监督的正确导向,注重舆论监督的社会效果"①。2005年4月,中央办公厅印发《关于进一步加强和改进舆论监督工作的意见》,对新闻舆论监督工作的重要作用、指导原则、重点和问题、社会责任、管理制度和加强领导各方面提出了要求,进行了规范。要求各级党委和政府支持新闻媒体正确开展舆论监督,并加强对舆论监督工作的领导,强化新闻媒体在舆论监督中的社会责任。这是中国共产党为加强舆论监督制定的一个专门性的重要指导文件,标志着中国共产党有关舆论监督法规的进一步完善②。

习近平高度重视舆论监督工作。他指出,"舆论引导和舆论监督是社会主义新闻事业的两大功能。……在加强舆论引导工作的同时,还要重视发挥舆论监督的作用。舆论监督是加强党的建设和民主政治建设的一项重要内容。不受制约和监督的权力,必然会腐败变质。能否有效地制止腐败现象关系到党的生死存亡和社会主义事业的成败"③。他还指出,"新闻媒介的舆论监督是最经常、公开、广泛的一种监督方式。当前,在强调加强党的建设、反对腐败的时候,特别要发挥新闻的舆论监督功能,使腐败现象暴露在光天化日之下"④。

---

① 中共中央文献研究室:《十六大以来重要文献选编》(上),中央文献出版社2005年版,第668页。
② 邓绍根:《报纸批评→舆论监督→新闻舆论监督——从〈人民日报〉看新中国舆论监督的历史变迁》,《新闻学论集》2010年第25辑。
③ 习近平:《摆脱贫困》,福建人民出版社1992年版,第85—86页。
④ 同上书,第86页。

党的十八大以来,习近平结合时代变革,特别是传播格局、媒体生态和舆论环境发生的深刻变化,对舆论监督作出了许多新的论断和阐述,进一步深化和发展了舆论监督思想,为新时代舆论监督工作的开展指明了方向。在宏观层面,将舆论监督作为党的新闻舆论工作职责使命之一。在党的新闻舆论工作座谈会上,习近平将澄清谬误、明辨是非作为党的新闻舆论工作的职责和使命之一。他指出:"新闻媒体要直面我们工作中存在的问题,直面社会丑恶现象和阴暗面,激浊扬清、针砭时弊。"[1]在中观层面,强调要加强互联网监督作用。习近平高度重视网络在舆论监督中的独特价值和功能,要求加强互联网监督。2016年4月19日,他在网络安全和信息化工作座谈会上指出:"互联网是一个社会信息大平台,亿万网民在上面获得信息、交流信息,这会对他们的求知途径、思维方式、价值观念产生重要影响"[2],"让互联网成为我们同群众交流沟通的新平台,成为了解群众、贴近群众、为群众排忧解难的新途径,成为发扬人民民主、接受人民监督的新渠道"[3]。习近平强调:"要把权力关进制度的笼子里,一个重要手段就是发挥舆论监督包括互联网监督作用。"[4]他要求各级党政机关和领导干部"对网上那些出于善意的批评,对互联网监督,不论是对党和政府工作提的还是对领导干部个人提的,不论是和风细雨的还是忠言逆耳的,我们不仅要欢迎,而且要认真研究和吸取"[5]。在微观层面,要求舆论监督类报道要事实准确、分析客观。习近平指出:"媒体发表批

---

[1] 习近平:《论党的宣传思想工作》,中央文献出版社2020年版,第188页。
[2] 中共中央党史和文献研究院:《习近平关于网络强国论述摘编》,中央文献出版社2021年版,第69页。
[3] 同上书,第12页。
[4][5] 同上书,第72页。

评性报道,事实要真实准确,分析要客观,不要把自己放在'裁判官'的位置上。"①舆论监督类报道社会性强、影响力大,容易形成舆论声势,不允许有任何失实。新闻媒体做舆论监督报道,应坚持实事求是的精神,确保准确无误,事实经得起核对和推敲。在准确报道的基础上,还要秉持客观公正的原则,对事实进行理性客观分析,力求把握和反映事件或事物的全貌,避免主观片面、以偏概全。

"舆论监督"这一概念自1987年被正式提出后,经过历代领导人不断完善与发展,形成了完整、与时俱进的思想体系,其内涵主要有三个方面。

一、重视监督体系构建,形成监督合力

马克思主义新闻观视域中的舆论监督,是作为对党务政务活动公开进行监督的一种形式而存在的。作为整个社会监督体系的重要组成部分,舆论监督一直在监督体系中发挥着重要而独特的作用。舆论监督不仅自身发挥监督作用,还对党的监督、人大监督、司法监督和群众监督等其他监督形式进行监督。中国共产党一直致力于将舆论监督与其他形式的监督贯通起来,形成监督合力。自党的十三大提出"舆论监督"概念后,党的历次代表大会的报告中都提及舆论监督,并且都将其放在监督体系中论述。党的十四大报告指出:"强化法律监督机关和行政监察机关的职能,重视传播媒介的舆论监督,逐步完善监督机制。"②党的十五大报告强调:"把党内监督、法律监督、群众监督结合起来,发挥舆论监督的

---

① 习近平:《论党的宣传思想工作》,中央文献出版社2020年版,第189页。
② 《中国共产党第十四次全国代表大会文件汇编》,人民出版社1992年版,第34页。

作用。"①党的十六大报告提出:"加强组织监督和民主监督,发挥舆论监督的作用。"②党的十七大报告指出,"落实党内监督条例,加强民主监督,发挥好舆论监督作用,增强监督合力和实效"③,明确提出要增强监督合力和实效。党的十八大后,随着中国特色社会主义进入新时代,中国共产党更为重视舆论监督体系的构建。党的十八大报告要求"健全权力运行制约和监督体系",指出要"加强党内监督、民主监督、法律监督、舆论监督,让人民监督权力,让权力在阳光下运行"④。党的十九大报告更是将舆论监督纳入党和国家的监督体系中,对其给予高度重视,指出要"构建党统一指挥、全面覆盖、权威高效的监督体系,把党内监督同国家机关监督、民主监督、司法监督、群众监督、舆论监督贯通起来,增强监督合力"⑤。

二、舆论监督应始终坚持重在建设

马克思主义新闻观视域中的舆论监督,是为了惩前毖后治病救人,是为了解决实际问题,推动各项工作更加健康有序地开展,因而始终是建设性的。邓小平要求在运用舆论的力量进行批评监督的时候,要发挥建设性作用,朝着积极的方向发展;指出舆论监督不能为了批评而批评,不能满足于摆问题和"找茬子",应该在监督、批评中引导,做到有头有尾、善始善终。江泽民要求舆论监督应着眼于帮助党和政府改进工作,解决实际问题,增进人民团结,维护社会稳定。习近平反复强调,开展新闻舆论监督要始终坚持

---

① 《中国共产党第十五次全国代表大会文件汇编》,人民出版社1997年版,第35页。
② 《中国共产党第十六次全国代表大会文件汇编》,人民出版社2002年版,第36页。
③ 《中国共产党第十七次全国代表大会文件汇编》,人民出版社2007年版,第32页。
④ 《中国共产党第十八次全国代表大会文件汇编》,人民出版社2012年版,第26—27页。
⑤ 《中国共产党第十九次全国代表大会文件汇编》,人民出版社2017年版,第54页。

重在建设,站在维护国家和人民利益的立场上,以改进工作、解决问题为目的,发挥新闻舆论在统一思想、凝聚工作、促进改革发展、维护社会稳定中的积极作用。早在担任福建宁德地委书记时,习近平就从出发点、针对性和规范性等多个方面对如何开展建设性舆论监督进行论述,明确指出:"舆论监督的出发点应该是积极的、建设性的。监督的重点应该针对那些严重违反党和国家重大政策以及社会生活中存在的重大问题,要抓典型事件。揭发的事实,务求准确。涉及党的一级组织和政府的批评,要持慎重态度,不能先入为主。要深入调查,多方听取意见,得出合乎事实的结论。特别要注意不应把批评的矛头对准那些群众有意见而我们工作中因限于目前条件、一时难以解决的问题上。要让人民知道,党和政府正在采取措施,克服困难,解决问题。"[1]

三、统筹好舆论监督与正面宣传

在马克思主义新闻观视域下,坚持正面宣传为主和舆论监督虽然侧重点不一样,但出发点和落脚点都是一致的,二者相辅相成、并行不悖,是一个统一的有机体。坚持正面宣传为主,不是不要舆论监督,而是如何加强和改进宣传的问题。李瑞环在《坚持正面宣传为主的方针》中指出:"坚持这个方针,就是要准确、及时地宣传党的路线、方针、政策,实事求是地反映社会现实生活的主流,让人民群众用创造新生活的业绩教育自己,形成鼓舞人们前进的巨大精神力量"[2],"坚持正面宣传为主的方针与正确地实行舆论监

---

[1] 习近平:《摆脱贫困》,福建人民出版社1992年版,第86页。
[2] 中共中央文献研究室:《十三大以来重要文献选编》(中),中央文献出版社2011年版,第164页。

督是一致的"①,舆论监督"不是为批评而批评,不是为了展示和渲染落后现象,而是为了改进工作,解决问题,增强人们前进的信心。批评报道要有下文,有实际效果,以充分显示党和人民克服消极现象的决心和力量,从而进一步团结、鼓舞和激励人民,为实现建设有中国特色的社会主义宏伟目标努力奋斗。无论是表扬还是批评,最后都要给人以力量,给人以信心,给人以勇气,给人以希望。对消极的东西如果处理得当,也可以起到积极的作用"②。舆论监督是正面宣传不可缺少的因素,能经得起舆论监督检验和认可的都是实事求是、合乎实际的正面宣传。对新闻舆论工作者来说,就是要深入调查研究、了解社会真实状况,保证新闻报道的真实、准确、时效,善于从总体上、本质上和发展趋势上掌控舆论监督。习近平指出,"舆论监督和正面宣传是统一的,而不是对立的"③,要求新闻舆论工作要坚持正面宣传为主,同时要加强舆论监督。舆论监督和正面宣传的作用整体上是一致的,要把握好两者的合力布局,在坚持正面宣传为主的同时,发挥舆论监督的积极作用。

---

① 中共中央文献研究室:《十三大以来重要文献选编》(中),中央文献出版社 2011 年版,第 174 页。
② 同上书,第 173 页。
③ 习近平:《论党的宣传思想工作》,中央文献出版社 2020 年版,第 188 页。

第十四章 网上舆论工作

　　时代是思想之母,实践是理论之源。任何伟大的理论都不可能凭空产生,而是思想理论逻辑与历史发展进程辩证统一的结果,是在顺应时代变化和现实需求的基础上,对以往理论进行"创造性转化""创新性发展"的成果,是"历史过程在抽象的、理论上前后一贯的形式上的反映"①。正如马克思所说:"人们自己创造自己的历史,但是他们并不是随心所欲地创造,并不是在他们自己选定的条件下创造,而是在直接碰到的、既定的、从过去承继下来的条件下创造。"②

　　党的十八大以来,中国特色社会主义进入新时代,"意味着近代以来久经磨难的中华民族迎来了从站起来、富起来到强起来的伟大飞跃,迎来了实现中华民族伟大复兴的光明前景;意味着科学社会主义在二十一世纪的中国焕发出强大生机活力,在世界上高高举起了中国特色社会主义伟大旗帜;意味着中国特色社会主义道路、理论、制度、文化不断发展,拓展了发展中国家走向现代化的途径,给世界上那些既希望加快发展又希望保持自身独立性的国家和民族提供了全新选择,为解决人类问题贡献了中国智慧和中国方案"③。在新时

---

　　①《马克思恩格斯选集》第2卷,人民出版社2012年版,第14页。
　　②《马克思恩格斯全集》第11卷,人民出版社1995年版,第131—132页。
　　③ 习近平:《决胜全面建成小康社会　夺取新时代中国特色社会主义伟大胜利——在中国共产党第十九次全国代表大会上的报告》,人民出版社2017年版,第10页。

代,面对世情党情国情的新变化和传播格局的深刻变革,党的新闻舆论工作也面临全新的时代背景。

第一,新闻舆论工作取得历史性成就,同时,国内风险因素多维度交织、多领域叠加,面临的挑战前所未有。

党的十八大以来,以习近平同志为核心的党中央科学把握当代中国的发展大势,顺应实践要求和人民愿望,统筹推进"五位一体"的总体布局,协调推进"四个全面"的战略布局,提出一系列新理念新思路新战略,出台一系列重大方针政策,推出一系列重大举措,推进一系列重大工作,解决了许多长期想解决而没有解决的难题,办成了许多过去想办而没有办成的大事,推动党和国家事业发生历史性变革,党和国家事业发展取得辉煌成就。在党中央的坚强领导下,宣传思想战线积极作为、开拓进取,党的理论创新全面推进,中国特色社会主义和中国梦深入人心,社会主义核心价值观和中华优秀传统文化广泛弘扬,主流思想舆论不断巩固壮大,文化自信得到彰显,国家文化软实力和中华文化影响力大幅提升,全党全社会思想上的团结统一更加巩固。经过多年努力,宣传思想战线正本清源的任务取得重大成效,进入了守正创新的重要阶段,从根本上扭转了意识形态领域一度出现的被动局面,使我国意识形态领域形势发生了全局性、根本性的转变。

与此同时,我国仍然面临各种长期、复杂、严峻的风险挑战,呈现出多维度风险交织、多领域风险叠加的趋势。起步于20世纪80年代的中国社会转型松动了原本板结的社会结构,同时改写了中国业已形成的社会利益格局。在当今中国,利益格局变迁迅速,各个社会利益群体正在分化、结块、重新组合。社会结构趋于多元,导致社会张力加大、社会矛盾升级。同时,随着改革向纵深推进,中国日渐陷入所谓"转型期危机"——社会利益诉求日益复杂化、多元化,贫富差距问题、腐败问题、发展的公平正义问题的叠加致使部分社会群体利益受损、心理不平衡感上升,进而导致群众对党和政府的政策产生不满情绪,往往激化成为社会矛盾。

由于社会阶层分化和贫富差距拉大引发的共识分裂已经成为现实,我国社会出现了代表不同利益群体、利益诉求的社会思潮,一些非马克思主义、反马克思主义的观点时有出现,"历史虚无主义"等错误思潮改头换面更加隐蔽,托古讽今、指桑骂槐、恶搞经典、亵渎英雄,攻击否定党的创新理论和我们的政治制度,对主流意识形态形成干扰和冲击。拜金主义、享乐主义、极端个人主义滋生蔓延,一些领域道德失范,一些人唯利是图,一些作品"不求被鉴赏、但为博眼球",屡屡突破公序良俗底线。有的价值观严重扭曲,例如宣扬美化侵略战争的"精日分子",极大地损害了国家尊严、伤害了民族感情。

第二,中国日益走近世界舞台的中心,同时,意识形态领域斗争深刻复杂,国际舆论斗争日趋激烈。

百年未有之大变局,叠加世纪疫情,当今世界正处于大发展、大变革、大调整时期,经济版图和政治秩序正在发生巨大变化。除了资本主义世界的内部矛盾,不同社会制度之间的矛盾,不同发展程度的国家行为体之间、非国家行为体和不同文明之间的矛盾冲突也都不断凸显,再加上经济、金融、贸易、军事、科技、文化等因素相互交织、相互激荡、深度融合,影响并塑造着世界在新科技革命的推动下深度演进。当今世界不仅在改革社会制度、产业结构、生产方式、国际格局等方面,更在人们的价值体系与意识形态等层面经历深度重塑。

随着综合国力和国际地位不断提升,中国日益走近世界舞台的中心,国际社会对我国的关注前所未有。党的十八大以来,以习近平同志为核心的党中央科学研判中国和世界关系,开始以"人类命运共同体"为出发点,站在全球战略的高度来思考和规划中国的发展,形成了与时俱进的全球化思维格局。基于这一思维格局,党中央提出了"新型大国关系""新安全观""'一带一路'倡议"等立足于全球战略的新思想、新理念。这些新思想、新理念受到国际社会的高度关注,产生了广泛的世界影响。中国的发展理念、发展道路、发展模式影响日益增强,国际主流媒体涉华报道数量越来越多,中国声音在国际舆论场上逐渐增强。

我国正处在从大国走向强国的关键时期,在与国际社会交往融合日益深化的同时,各种摩擦更加频繁,国际舆论斗争日趋激烈。

第三,信息传播技术迅速迭代,同时,媒体格局正在重塑,舆论形态日趋复杂。

纵观人类传播发展史,传播技术的每一次发展都会对传播内容、传播形式、传播模式等产生巨大影响。以移动化、智能化为基本特征的移动互联网、物联网、大数据与云计算等最新传播技术力量,深入渗透到传媒内容生产、传播、营销等全链条各领域,重新塑造人与媒体、人与信息的关系,带来新的组织形式、生产方式、产品形态,颠覆并重构新闻舆论生态。最新传播技术带来的用户行为智能化、核心内容生产智能化、分发渠道智能化等趋势正不断推进传媒的智能化发展。在智媒时代,互联网技术使媒体生态在新闻生产系统、新闻分发平台、用户平台、信息终端等多个维度发生变化,每个维度的变化都意味着机器的进入,呈现出社会信息流、自由传播和分享、全息传播、"屏读"的崛起、"提问"的价值凸显、高智慧与高智能的平衡等全新特质。

由信息技术引爆的传播革命,重塑了人们的信息交往模式,使得传统媒体不再是新闻内容的唯一生产者,许多普通民众直接参与到信息的生产和传播过程中,出现了"人人都是记者""人人都有麦克风"的众声喧哗的景象。在新的媒介生态中,传统传媒业的行业壁垒逐渐被打破,专业边界逐渐消失,不断衍生出大量的媒体形态、媒介终端和信息传播平台。近年来,移动应用、社交媒体、问答社区、网络直播、聚合类平台、自媒体公众号等不断涌现,由此催生了全程媒体、全息媒体、全员媒体、全效媒体。我国的媒体形态之多、分类之复杂、迭代速度之快都是前所未有的,媒体格局正在重塑,媒体定义正在改写。当下,媒体格局呈现出专业媒体、机构媒体、自媒体三种作为生产信息主体的媒体类型,以及为这三种类型的媒体提供信息聚合、分发技术与渠道支撑的平台媒体等多种媒体共同参与、多元新闻实践形态并存的新生态,社会已进入形态丰富、生产者众多、传播结构众多、平台众多、终端多样化的"众媒时代"。

作为党的喉舌,传统主流媒体在我国媒体格局中占据非常重要的地位。长期以来,以党报党刊党台和通讯社为主体的传统主流媒体,始终坚持正确的舆论导向,认真履行新闻舆论工作者的职责使命,积极传播社会主义核心价值观,为党的新闻舆论事业作出了积极贡献。随着自媒体和平台媒体的蓬勃发展,传统媒体"信息枢纽"的垄断权逐渐被打破,主流媒体的垄断地位和传播优势不断受到挑战。加之部分传统媒体宣传理念滞后,表达方式单调僵化,传播对象过窄,特别是在一些重大事件或敏感问题上,回应社会关心的热点问题不及时,舆论监督不到位,传播内容和受众需求存在较大差距。面对激烈的竞争,部分传统媒体的受众规模不断缩小,传播力、引导力、影响力、公信力持续削弱,甚至出现"报纸跟着网站跑、网站跟着公号跑"的现象。

作为舆论在一定条件下的表现形式,舆论形态涉及舆论的生成方式、运行方式、存在状态和作用机理等诸多方面。受到国际环境、社会环境和媒介环境等多重因素的影响,当前中国舆论形态的变动发生在全球化、转型期和媒介化三重语境中。全球化使得国际舆论和国内舆论互动更加频繁;转型期中国的各类社会矛盾凸显,各种社会思潮激荡,意见高度多元,利益更加分化;在媒介融合时代,新媒体技术赋权,为不同利益主体提供了话语表达空间。在三重语境叠加的当下,中国各种力量纷纷介入舆论的形成过程,加之传播路径的多元、动态,形成了一个多元、交叉、复杂的舆论表达格局,舆论形态呈现出一种复杂交织的状态。特别是商业传播平台成为主要信息入口,非公有制资本涌入新媒体领域跑马圈地,操纵舆论的迹象有所显现。网络舆论场异常复杂,真实的和虚假的、理性的和非理性的、正确的和错误的,各种舆论相互叠加、各种情绪相互感染。网络舆情酝酿周期大大缩短,热点生成发酵大大提速,网络群体"圈子化""阵营化"等现象突出。"网红""推手"频频搅动舆论场,舆情燃点低、裂度高、扩散快。

随着信息传播技术的飞速发展,互联网对人们的影响是全方位的。正如习近平指出的:"当今世界,信息技术革命日新月异,对国际政治、经济、文化、社会、军事等领域发展产生了深刻影响。信息化和经济全球化相互促进,互联网已经融入社会生活方方面面,深刻改变了人们的生产和生活方式。我国正处在这个大潮之中,受到的影响越来越深。"①互联网深刻改写了中国的舆论生态,彻底改变了舆论的生产和传播逻辑,系统重塑了新的媒介生态和传播格局。面对互联网时代国内外舆论发展态势,习近平在继承和发展马克思主义经典作家和中国共产党历届领导人舆论思想的基础上,对做好网上舆论工作提出了一系列重要论述,涵盖网上舆论工作的地位、原则、方法等诸多内容,为有效开展网上舆论工作提供了理论依据和行动指南。

一、把网上舆论工作作为宣传思想工作的重中之重

当前,互联网越来越成为人们学习、工作、生活的新空间,成为获取公共服务和信息的新渠道,成为舆论生成、演化的主要平台。网络传播成为现代社会主要传播方式,网络舆论成为社会舆论的主要组成部分,在舆论整体格局中的地位和重要性日益凸显。中国互联网络信息中心发布的《第49次〈中国互联网络发展状况统计报告〉》显示,截至2021年12月,我国网民规模达10.32亿,互联网普及率达到73.0%。互联网深度融入人们日常生活,我国网民人均每周上网时长达到28.5个小时。我国网民使用手机上网的比例达99.7%,使用台式电脑、笔记本电脑、电视和平板电脑上网的比例分别为35.0%、33.0%、28.1%和27.4%。在网民中,即时通信、网络视频、短视频用户使用率分别为97.5%、94.5%和90.5%,用户规模分别达10.07亿、9.75亿和9.34亿②。

---

① 《习近平谈治国理政》第1卷,外文出版社2018年版,第197页。
② 《第49次〈中国互联网络发展状况统计报告〉》(2022年2月25日),中国互联网络信息中心,www.cnnic.net.cn/n4/2022/0401/c88-1131.html,最后浏览日期:2022年11月8日。

随着互联网特别是移动互联网的发展,新媒体的发展日益呈现出移动化、可视化、智能化、平台化、开放化的趋势。"互联网正在媒体领域催发一场前所未有的变革,数以亿计的人在通过互联网获得信息"①,"很多人特别是年轻人基本不看主流媒体,大部分信息都是从网上获取"②。作为一个社会信息大平台,互联网对人们"求知途径、思维方式、价值观念产生重要影响,特别是会对他们对国家、对社会、对工作、对人生的看法产生重要影响"③。

面对这一历史性的社会变迁,2013 年,习近平在全国宣传思想工作会议上强调:"互联网已经成为舆论斗争的主战场。有同志讲,互联网是我们面临的'最大变量',搞不好会成为我们的'心头之患'。西方反华势力一直妄图利用互联网'扳倒中国',多年前有西方政要就声称'有了互联网,对付中国就有了办法','社会主义国家投入西方怀抱,将从互联网开始'。从美国的'棱镜'、'X-关键得分'等监控计划看,他们的互联网活动能量和规模远远超出了世人想象。在互联网这个战场上,我们能否顶得住、打得赢,直接关系我国意识形态安全和政权安全。"④在明确"互联网已经成为舆论斗争的主战场"这一现实判断的基础上,习近平指出:"根据形势发展需要,我看要把网上舆论工作作为宣传思想工作的重中之重来抓。"⑤这一论断是对网络舆论工作的基本定位,充分体现了网络舆论工作的重要地位和现实紧迫性,同时也为宣传思想工作提供了方向指引。

---

① 中共中央党史和文献研究院:《习近平关于网络强国论述摘编》,中央文献出版社 2021 年版,第 66 页。
②⑤ 同上书,第 51 页。
③ 同上书,第 69 页。
④ 同上书,第 50—51 页。

在此之后，习近平多次论及网上舆论工作的重要性，不断深化对这一定位的认识。在中央统战工作会议上，他指出："互联网是当前宣传思想工作的主阵地。这个阵地我们不去占领，人家就会去占领；这部分人我们不去团结，人家就会去拉拢。"①在《坚决打赢网络意识形态斗争》一文中，他强调："网络已是当前意识形态斗争的最前沿。掌控网络意识形态主导权，就是守护国家的主权和政权。各级党委和党员干部要把维护网络意识形态安全作为守土尽责的重要使命，充分发挥制度体制优势，坚持管用防并举，方方面面齐动手，坚决打赢网络意识形态斗争，切实维护以政权安全、制度安全为核心的国家政治安全。"②习近平强调："互联网日益成为意识形态斗争的主阵地、主战场、最前沿。能不能牢牢掌握意识形态工作领导权，关键要看能不能占领网上阵地，能不能赢得网上主导权。"③从将网上舆论工作作为宣传思想工作的重中之重，到将其放到关乎国家政治安全的全局中加以重视，充分体现了以习近平同志为核心的党中央对网上舆论工作的高度重视。

二、创新改进网上舆论工作

2014年2月27日，习近平在中央网络安全和信息化领导小组第一次会议上指出："做好网上舆论工作是一项长期任务，要创新改进网上宣传，运用网络传播规律，弘扬主旋律，激发正能量，大力培育和践行社会主义核心价值观。"④在以自发性、突发性、公开性、

---

① 中共中央党史和文献研究院：《习近平关于网络强国论述摘编》，中央文献出版社2021年版，第65页。
② 同上书，第54页。
③ 同上书，第55页。
④ 《习近平谈治国理政》，外文出版社2014年版，第198页。

多元性、冲突性、匿名性、无界性、难控性为特征的网络舆论场,网络传播及时广泛,舆情演变迅速多样。做好网上舆论工作,不能仅仅停留在管控上,还必须"参与进去、深入进去、运用起来,创新改进传播手段和方法"①,不断提高网上正面宣传和网上舆论引导的能力。

第一,加强网络内容建设,做强网上正面宣传。

网络空间情况复杂,有很多杂音噪音和负面言论,如"利用网络鼓吹推翻国家政权,煽动宗教极端主义,宣扬民族分裂思想,教唆暴力恐怖活动""利用网络进行欺诈活动,散布色情材料,进行人身攻击,兜售非法物品"②等。"准确、权威的信息不及时传播,虚假、歪曲的信息就会搞乱人心;积极、正确的思想舆论不发展壮大,消极、错误的言论观点就会肆虐泛滥。"③邪不压正,网上正面声音强大了,就可以减少负面舆论的影响,进而消除生成网上舆论风暴的各种隐患。因此,做好网上舆论工作,内容建设是根本,必须"加强网络内容建设,做强网上正面宣传"④,提高网上宣传的吸引力、感染力、影响力、有效性,用正能量对着负能量有的放矢,正面交锋。

一方面,要旗帜鲜明地坚持正确政治方向、舆论导向、价值取向。习近平指出,"舆论导向正确,就能凝聚人心、汇聚力量,推动事业发展;舆论导向错误,就会动摇人心、瓦解斗志,危害党和人民事业"。他要求"网上宣传工作必须牢牢坚持党性原则,坚持马克

---

① 新华通讯社课题组:《习近平新闻舆论思想要论》,新华出版社 2018 年版,第 205 页。
② 中共中央党史和文献研究院:《习近平关于网络强国论述摘编》,中央文献出版社 2021 年版,第 71 页。
③ 同上书,第 59 页。
④ 习近平:《在网络安全和信息化工作座谈会上的讲话》,人民出版社 2016 年版,第 9 页。

思主义新闻观,坚持正确舆论导向,坚持正面宣传为主"。具体来说,就是"要突出思想引领,用新时代中国特色社会主义思想和党的十九大精神团结、凝聚亿万网民,巩固全党全国人民团结奋斗的共同思想基础。要发挥网络特色、网络优势,深入开展理想信念教育,深化新时代中国特色社会主义和中国梦宣传教育,积极培育和践行社会主义核心价值观,用社会主流思想价值和道德文化滋养人心、滋润社会。要围绕党和国家重大活动、重要方针政策以及群众关心的热点问题,主动设置议题,做好改革发展、经济民生成就宣传和形势政策解读,唱响主旋律、集聚正能量"①。

另一方面,要推进网上宣传理念、内容、形式、方法、手段等创新。习近平形象地指出:"有人说,在网络时代,教育者思想不新会被笑死,本领不强会被气死,办法不多会被愁死,效果不佳会被骂死。没有金刚钻揽不了瓷器活。网络传播有分众化、差异化的特点,做好网上正面宣传,不能搞广谱适用、大水漫灌那一套,不能'一招鲜,吃遍天',靠一个腔调、一种风格包打天下。"②推进网上宣传创新,"要针对各类群体网上阅读习惯和接受心理,注重个性化处理,善于化整为零,做到小而美、多而精,达到'大珠小珠落玉盘'的效果。要增强议题设置能力,该说的说到位,让该热的热起来,该冷的冷下去。要贴近网民,善于运用网言网语,不要板起脸来说教。要重视技术创新,在可视化呈现、互动化传播上做文章,用网民喜闻乐见的方式,使正面宣传的用户规模不断扩大、用户黏性不断增强"③。

---

① 中共中央党史和文献研究院:《习近平关于网络强国论述摘编》,中央文献出版社 2021 年版,第 74—75 页。
② 同上书,第 75 页。
③ 同上书,第 76 页。

第二,网上网下要形成同心圆。

网上舆论工作的目标是增进共识、凝聚力量,最大范围争取人心,把广大网民凝聚到党的周围。习近平指出:"为了实现我们的目标,网上网下要形成同心圆。什么是同心圆?就是在党的领导下,动员全国各族人民,调动各方面积极性,共同为实现中华民族伟大复兴的中国梦而奋斗。"①

构建网上网下同心圆,要善于运用网络发现舆情。当前我国网民数量已经超过10亿,大多数人民都是网民,互联网也成为民众参与公共事务的重要途径。可以说,老百姓上了网,民意也就上了网。新闻舆论工作者要把"上网看看""在线聊聊""网上蹲点"作为深入基层、深入群众的基本功,学会在互联网上发现舆情动向,积极利用论坛、微博、微信、抖音等新媒体渠道收集网络舆情,及时发现报道线索。

构建网上网下同心圆,要走好网络群众路线。领导干部要学会通过网络走群众路线,经常上网看看,潜潜水、聊聊天、发发声,了解群众所思所愿,收集好想法好建议,积极回应网民关切,解疑释惑。网民大多是老百姓,来自四面八方,各自经历不同,观点和想法往往五花八门,不能要求他们对所有问题都看得那么准、说得那么对。因此,对网络民意要多一些包容和耐心。习近平对此专门提出要做到六个"及时":"对建设性意见要及时吸纳,对困难要及时帮助,对不了解情况的要及时宣介,对模糊认识要及时廓清,对怨气怨言要及时化解,对错误看法要及时引导和纠正。"②要发挥网络传播互动、体验、分享的优势,听民意、惠民生、解民忧,凝聚社

---

① 《习近平谈治国理政》第2卷,外文出版社2017年版,第335页。
② 同上书,第336页。

会共识,"让互联网成为我们同群众交流沟通的新平台,成为了解群众、贴近群众、为群众排忧解难的新途径,成为发扬人民民主、接受人民监督的新渠道"①。

构建网上网下同心圆,要做好网上统一战线工作。互联网催生了许多新的工作形式和新兴群体。很多青年人在新经济组织、新社会组织、社区里,在网络空间里,在农民工、个体工商户、网民、"北漂"、"蚁族"里,尤其是那些自由职业者、网络意见领袖、网络作家、签约作家、自由撰稿人、独立演员歌手、流浪艺人等种类繁多的新兴群体,里面有很多有本事的人,有的甚至可以一呼百应。特别是新媒体从业人员和网络意见领袖这两个群体大量涌现,他们"有些经营网络,是'搭台'的,有些网上发声,是'唱戏'的"②,都具有设置议题、左右舆论的能力。随着社会的发展,这类人群会越来越多。对他们的工作做不好,他们可能成为负能量;对他们的工作做好了,他们就可以成为正能量。习近平要求做好网上统战工作,用全新的政策和方法团结、吸引他们,"要把这些人中的代表性人士纳入统战工作视野,建立经常性联系渠道,加强线上互动、线下沟通,引导其政治观点,增进其政治认同"③,并强调要在网络舆论领域"培养一支党外代表人士队伍,让他们在净化网络空间、弘扬主旋律、维护意识形态安全等方面展现正能量"④。

第三,遵循网上舆论工作规律。

马克思认为:"要使报刊完成自己的使命,首先必须不从外部为它规定任何使命,必须承认它具有连植物也具有的那种通常为

---

① 《习近平谈治国理政》第 2 卷,外文出版社 2017 年版,第 336 页。
②③④ 中共中央党史和文献研究院:《习近平关于网络强国论述摘编》,中央文献出版社 2021 年版,第 65 页。

人们所承认的东西,即承认它具有自己的内在规律,这些规律是它所不应该而且也不可能任意摆脱的。"①网上舆论工作规律具有普遍性和客观性,同时也具有一定的特殊性,不同技术条件、不同规模、不同受众的网上舆论工作,其规律也有不同的具体表现形式。习近平多次强调,党的新闻舆论工作是一门科学,必须按照规律办事,并在讲话中多次提到新闻舆论工作要遵循"新闻传播规律""新兴媒体发展规律""网络传播规律",指出"必须科学认识网络传播规律,准确把握网上舆情生成演化机理,不断推进工作理念、方法手段、载体渠道、制度机制创新,提高用网治网水平,使互联网这个最大变量变成事业发展的最大增量"②。

做好网上舆论工作要研究把握现代新闻传播和新兴媒体发展规律。习近平指出:"推动传统媒体和新兴媒体融合发展,是占领信息传播制高点、扩大宣传思想文化阵地的必然要求。"③媒体融合不是简单的一加一,而是要发挥传统媒体和新兴媒体各自的优势,实现优化整合、深度融合,打造精锐传播力量。要研究把握现代新闻传播和新兴媒体发展规律,强化互联网思维和一体化发展理念,推动各种媒介资源、生产要素有效整合,推动信息内容、技术应用、平台终端、人才队伍共享融通。

做好网上舆论工作要遵循网络舆论引导规律。习近平多次强调,新闻舆论工作"关键是要提高质量和水平,把握好时、度、效"④。2013年8月19日,在全国宣传思想工作会议上,习近平首次谈到

---

① 《马克思恩格斯全集》第1卷,人民出版社1995年版,第397页。
② 中共中央党史和文献研究院:《习近平关于网络强国论述摘编》,中央文献出版社2021年版,第13页。
③ 同上书,第67页。
④ 《习近平谈治国理政》,外文出版社2014年版,第155页。

新闻舆论工作的"时、度、效"问题指出,做好舆论引导工作,一定要把握好时、度、效①。2014年2月27日,在中央网络安全和信息化领导小组第一次会议上,习近平强调,网上舆论工作是一项长期任务,要把握好网上舆论引导的时、度、效。在这里,习近平将把握好"时、度、效"的舆论引导规律延伸到网上。2018年4月20日,在全国网络安全和信息化工作会议上,习近平对于网上舆论引导的时度效又进行了详细的论述,指出要把握好时度效,更好凝聚社会共识,"对网上热点问题,要线上线下共同发力。对思想认识问题,要解疑释惑,及时引导;对建设性意见和建议,要认真研究,及时吸纳;对合理的困难和诉求,要想法设法帮助解决;对需要长期解决的问题,要做好解释工作,争取群众理解。发生突发事件时,正是各方关注、需要提供权威信息发布、引导网上舆情的时候,决不能失语失声"②。

三、营造清朗网络空间

互联网作为社会信息大平台,已经深度影响人们生活的方方面面,对人们的求知途径、思维方式、价值观念产生重要影响。"网络空间天朗气清、生态良好,符合人民利益。网络空间乌烟瘴气、生态恶化,不符合人民利益。谁都不愿生活在一个充斥着虚假、诈骗、攻击、谩骂、恐怖、色情、暴力的空间。"③习近平对于推进互联网治理、营造清朗的网络空间提出了一系列要求,指出:"网络空间同现实社会一样,既要提倡自由,也要保持秩序。自由是秩序的目的,秩

---

① 《习近平谈治国理政》,外文出版社2014年版,第155页。
② 中共中央党史和文献研究院:《习近平关于网络强国论述摘编》,中央文献出版社2021年版,第76页。
③ 习近平:《在网络安全和信息化工作座谈会上的讲话》,人民出版社2016年版,第8页。

序是自由的保障。我们既要尊重网民交流思想、表达意愿的权利,也要依法构建良好网络秩序,这有利于保障广大网民合法权益。"①

第一,要培育积极健康、向上向善的网络文化。

繁荣发展的网络文化是建设网络强国的必由之路,培育积极健康、向上向善的网络文化是满足人民群众日益增长的美好生活需要的必然要求,是维护意识形态安全的关键一环,是对社会负责、对人民负责的具体体现。习近平指出:"培育积极健康、向上向善的网络文化,用社会主义核心价值观和人类优秀文明成果滋养人心、滋养社会,做到正能量充沛、主旋律高昂,为广大网民特别是青少年营造一个风清气正的网络空间。"②

文化自信是一个国家、一个民族发展中更基本、更深沉、更持久的力量。习近平在党的十九大报告中指出:"文化是一个国家、一个民族的灵魂。文化兴国运兴,文化强民族强。没有高度的文化自信,没有文化的繁荣兴盛,就没有中华民族伟大复兴。"③培育积极健康、向上向善的网络文化,要正本清源做好网上舆论工作。要立足中华优秀传统文化、革命文化和社会主义先进文化,发挥互联网传播平台优势,让中国和海外民众了解中国先进文化,推动网络文化繁荣发展,提升我国网络文化的影响力,促进社会文明进步。

新闻媒体作为网络文化产品的重要提供者,要适应人民群众对网上新闻信息日益增长的需求,创新工作理念和内容生产传播

---

① 习近平:《在第二届世界互联网大会开幕式上的讲话》,《人民日报》2015年12月17日。
② 习近平:《在网络安全和信息化工作座谈会上的讲话》,人民出版社2016年版,第9页。
③ 习近平:《决胜全面建成小康社会 夺取新时代中国特色社会主义伟大胜利——在中国共产党第十九次代表大会上的报告》,人民出版社2017年版,第23页。

方式,不断推出导向正确、格调高雅、形式多样、贴近受众、服务性强的新闻信息产品,丰富人民群众的精神文化生活。

第二,要建立网络综合管理体系。

互联网不是法外之地,无论什么形式的媒体都没有舆论飞地。对各种网上违法违纪行为,习近平指出:"要坚决管控,决不能任其大行其道。没有哪个国家会允许这样的行为泛滥开来。我们要本着对社会负责、对人民负责的态度,依法加强网络空间治理。"①

管好用好互联网,重点是要解决好谁来管、怎么管的问题,关键是处理好安全和发展、开放和自主、管理和服务的关系。要坚持正能量是总要求、管得住是硬道理、用得好是真本事,加快构建网络综合管理体系,形成党委领导、政府管理、企业履责、社会监督、网民自律等多主体参与,经济、法律、技术等多种手段相结合的综合治网格局。

牢牢把握网上舆论工作领导权、管理权、话语权,是切实保证掌握意识形态工作领导权的重要组成部分,是做好网上新闻舆论工作的根本保证。互联网是网上舆论工作的主渠道、主阵地、主战场,只有牢牢掌握网上舆论工作领导权、管理权、话语权,才能真正落实"两个巩固"总目标、总要求,必须从党和国家工作全局来认识网上舆论工作领导权、管理权、话语权。

建立网络综合管理体系,还要把党管媒体的原则贯彻到新媒体领域。党管媒体是新闻舆论工作的根本原则,要求各级各类媒体都要置于党的领导之下,所有从事新闻信息服务、具有媒体属性

---

① 习近平:《在网络安全和信息化工作座谈会上的讲话》,人民出版社2016年版,第9页。

和舆论动员功能的传播平台都要纳入管理范围。网络媒体不仅不能例外,更是党管媒体的重中之重。把党管媒体的原则贯彻到新媒体领域,要坚持政治家办报、办刊、办台、办新闻网站、办客户端。在新媒体领域,不仅新闻报道要讲导向,专题节目、广告宣传也要讲导向;不仅时政新闻要讲导向,娱乐类、社会类新闻也要讲导向;不仅国内新闻报道要讲导向,国际新闻报道也要讲导向。坚持正确导向,要做到全环节、全方位覆盖。

建立网络综合管理体系,还要推进互联网法治建设。习近平高度重视法治在网络治理中的根本性、全局性、长远性的作用,强调要"抓紧制定立法规划,完善互联网信息内容管理、关键信息基础设施保护等法律法规,依法治理网络空间,维护公民合法权益"[1]。"要把依法治网作为基础性手段,继续加快制定完善互联网领域法律法规,推动依法管网、依法办网、依法上网,确保互联网在法治轨道上健康运行。"[2]我国网民数量已经突破 10 亿,互联网治理是非常复杂和繁重的工作。在推进互联网法治建设的过程中,"企业要承担企业的责任,党和政府要承担党和政府的责任,哪一边都不能放弃自己的责任。网上信息管理,网站应负主体责任,政府行政管理部门要加强监管。主管部门、企业要建立密切协作协调的关系,避免过去经常出现的'一放就乱、一管就死'现象,走出一条齐抓共管、良性互动的新路"[3]。同时,还要教育广大网民遵守互联网秩序,依法上网、文明上网、理性表达、有序参与,共同营造

---

[1] 中共中央党史和文献研究院:《习近平关于网络强国论述摘编》,中央文献出版社 2021 年版,第 34 页。

[2] 同上书,第 45 页。

[3] 习近平:《在网络安全和信息化工作座谈会上的讲话》,人民出版社 2016 年版,第 20 页。

风清气正的网络环境。

第三，要积极开展网上舆论斗争。

信息流通无国界，网络空间有硝烟。西方反华势力一直妄图利用互联网"扳倒中国"。多年前，西方政要就声称"有了互联网，对付中国就有了办法"，"社会主义国家投入西方怀抱，将从互联网开始"。因此，积极开展网上舆论斗争，也就成为营造清朗网络空间的题中之义。习近平高度重视网上舆论斗争，称其为一种新的舆论斗争形态，并对如何做好网上舆论斗争提出了一系列明确要求：要深入研究网络斗争的特点规律，整体把握时度效要求，不断提高传播艺术和斗争水平；要着眼于团结和争取大多数，有理有利有节地开展舆论斗争；要高度重视网上舆论斗争，加强网上正面宣传[①]；等等。

网上舆论斗争是一场思想阵地的争夺战，阵地是基本依托。习近平多次强调，开展舆论斗争，一定要强化阵地意识，这个阵地"我们不占领，别人就会占据；正能量不去占领，负能量就会充斥；大道消息不通畅，小道消息就会乱飞"[②]。他要求"宣传思想部门必须守土有责、守土负责、守土尽责"[③]，宣传思想战线的同志要当战士、不当绅士，不做"骑墙派"和"看风派"，不能搞爱惜羽毛那一套，要以战斗的姿态、战士的担当，积极投身舆论斗争一线。

网上舆论斗争是一门艺术。习近平指出，打赢舆论斗争这场没有硝烟的战争，必须讲究战略战术，坚持增强忧患意识和保持战略定力相统一、坚持战略判断和战术决断相统一、坚持斗争过程和

---

① 中共中央党史和文献研究院：《习近平关于网络强国论述摘编》，中央文献出版社2021年版，第50、55页。
② 同上书，第80—81页。
③ 习近平：《论党的宣传思想工作》，中央文献出版社2020年版，第18页。

斗争实效相统一。正面宣传和舆论斗争是新时代舆论斗争工作必须要面临和处理的一对重要关系,直接影响舆论斗争的效果。习近平鲜明地指出,"坚持正面宣传为主,决不意味着放弃舆论斗争"[①],强调要坚持立破并举,把正面宣传和舆论斗争结合起来,坚持正面宣传为主和舆论斗争相统一。一方面,要持续巩固壮大主流思想舆论,弘扬主旋律,传播正能量,为党领导的伟大斗争助力开路、凝心聚力;另一方面,要对大是大非和政治原则问题敢抓敢管,敢于站在风口浪尖上进行斗争。

习近平多次强调,舆论斗争要区分对象,精准施策,要区别不同问题,采取不同方法。他指出,要区分政治问题、思想认识问题、学术问题,"既不能把网上政治问题当成一般问题,缺乏政治敏感性和政治警觉性,反应迟钝、应付消极;也不能把一般问题政治化,把舆情当敌情,简单粗暴、一删了之"[②]。习近平创造性地提出思想舆论领域存在红色、黑色、灰色三个地带的重要判断,指出"红色地带是我们的主阵地,一定要守住;黑色地带主要是负面的东西,要敢于亮剑,大大压缩其地盘;灰色地带要大张旗鼓争取,使其转化为红色地带"[③]。三个地带的判断是对舆论斗争特点规律的精辟分析,也成为做好新时代舆论斗争工作的重要抓手。

网上舆论工作这一概念,是以习近平同志为核心的党中央,立足中国特色社会主义进入新时代的舆论工作实际,全面分析网络

---

① 中共中央文献研究室:《习近平关于社会主义文化建设论述摘编》,中央文献出版社2017年版,第27页。
② 中共中央党史和文献研究院:《习近平关于网络强国论述摘编》,中央文献出版社2021年版,第78—79页。
③ 《习近平谈治国理政》第2卷,外文出版社2017年版,第328页。

舆论工作的战略目标、工作路线、方法要求、关键环节和保障机制等方面的内容,提出的一系列富有创见的新观点新论断新要求,为发展马克思主义舆论思想作出原创性贡献,谱写了马克思主义舆论思想中国化的新篇章。同时,也为提升我国网上舆论工作的科学化水平、加强和改进网上舆论工作提供了根本遵循。

参考文献

一、经典文本

[1]《马克思恩格斯全集》(1—50卷),人民出版社1956—1985年版。
[2]《马克思恩格斯全集》(1—50卷),人民出版社1995—2022年版。
[3]《马克思恩格斯选集》(1—4卷),人民出版社2012年版。
[4]《马克思恩格斯文集》(1—10卷),人民出版社2009年版。
[5]《列宁全集》(1—39卷),人民出版社1955—1963年版。
[6]《列宁全集》(1—60卷),人民出版社1984—1990年版。
[7]《列宁全集》(1—60卷),人民出版社2013—2017年版。
[8]《列宁选集》(1—4卷),人民出版社1995年版。
[9]《毛泽东选集》(1—4卷),人民出版社1991年版。
[10]《毛泽东文集》(1—8卷),人民出版社1993—1999年版。
[11] 中共中央文献研究室:《毛泽东年谱(1893—1949)》(修订本)(上、中、下),中央文献出版社2013年版。
[12] 中共中央文献研究室:《毛泽东年谱(1949—1976)》(1—6卷),中央文献出版社2013年版。
[13] 中共中央文献研究室、新华通讯社:《毛泽东新闻工作文选》,新华出版社2014年版。
[14]《邓小平文选》(第1—3卷),人民出版社1993—1994年版。
[15] 新华社新闻研究所:《邓小平论新闻宣传》,新华出版社1998年版。
[16]《江泽民文选》(第1—3卷),人民出版社2006年版。
[17]《胡锦涛文选》(第1—3卷),人民出版社2016年版。
[18]《习近平谈治国理政》(第1—4卷),外文出版社2014—2022年版。
[19] 习近平:《论党的宣传思想工作》,中央文献出版社2020年版。
[20] 习近平:《摆脱贫困》,福建人民出版社1992年版。

二、文献汇编

[1] 中共中央党史和文献研究院:《习近平关于网络强国论述摘编》,中央文献出版社2021年版。

［2］中共中央文献研究室：《习近平关于社会主义文化建设论述摘编》，中央文献出版社2017年版。

［3］中国社会科学院新闻研究所：《中国共产党新闻工作文件汇编》（上、中、下），新华出版社1980年版。

［4］中共中央文献研究室、中央档案馆：《建党以来重要文献选编》（第1—26册），中央文献出版社2011年版。

［5］中共中央文献研究室：《建国以来重要文献选编》（第1—20册），中央文献出版社2011年版。

［6］中共中央文献研究室：《十二大以来重要文献选编》（上、中、下），中央文献出版社1991—1993年版。

［7］中共中央文献研究室：《十三大以来重要文献选编》（上、中、下），中央文献出版社2011年版。

［8］中共中央文献研究室：《十四大以来重要文献选编》（上、中、下），中央文献出版社2011年版。

［9］中共中央文献研究室：《十五大以来重要文献选编》（上、中、下），中央文献出版社2000—2003年版。

［10］中共中央文献研究室：《十六大以来重要文献选编》（上、中、下），中央文献出版社2005—2008年版。

［11］中共中央文献研究室：《改革开放三十年重要文献选编》（上、下），中央文献出版社2008年版。

［12］中共中央文献研究室：《十八大以来重要文献选编》（上、中），中央文献出版社2014—2016年版。

［13］中共中央党史和文献研究院：《十八大以来重要文献选编》（下），中央文献出版社2018年版。

［14］中共中央党史和文献研究院：《十九大以来重要文献选编》（上、中），中央文献出版社2019—2021年版。

［15］本书编写组：《习近平新闻思想讲义》（2018年版），人民出版社、学习出版社2018年版。

［16］新华通讯社课题组：《习近平新闻舆论思想要论》，新华出版社2017年版。

三、研究著作

［1］童兵：《马克思主义新闻经典教程》（第二版），复旦大学出版社2009年版。

［2］童兵：《主体与喉舌——共和国新闻传播轨迹审视》，河南人民出版社1994年版。

［3］童兵：《马克思主义新闻观读本》，复旦大学出版社2016年版。

［4］陈力丹：《马克思主义新闻观百科全书》，中国人民大学出版社2018年版。

［5］陈力丹：《精神交往论——马克思恩格斯的传播观》（修订版），中国人民大学出版社2016年版。

［6］陈力丹：《马克思主义新闻观思想体系》，中国人民大学出版社2006年版。

［7］郑保卫：《中国共产党新闻思想史》，福建人民出版社 2004 年版。
［8］邵华泽：《马克思主义新闻观及其在当代中国的运用和发展》，人民出版社 2009 年版。
［9］王强华、王荣泰、徐华西：《新闻舆论监督理论与实践》，复旦大学出版社 2007 年版。
［10］王传寿、许厚今：《江泽民新闻宣传思想研究》，安徽人民出版社 2002 年版。

四、专题论文

［1］童兵：《舆论和舆论载体——报刊》，《新闻与写作》1991 年第 7 期。
［2］尹韵公：《舆论导向，至关重要——学习江泽民新闻思想的体会》，《新闻战线》2006 年第 10 期。
［3］陈力丹：《毛泽东论舆论》，《东南传播》2014 年第 10 期。
［4］丁柏铨：《中国共产党舆论思想史研究论纲》，《中国出版》2021 年第 12 期。
［5］丁柏铨：《从制造舆论到引导舆论——中国共产党百年来舆论思想的一个重要转变》，《西北师大学报（社会科学版）》2021 年第 6 期。
［6］丁柏铨：《论邓小平新闻宣传思想的特征与精髓》，《江苏社会科学》2000 年第 4 期。
［7］邓绍根、丁丽琼：《中国共产党百年进程中马克思主义新闻观的创新发展》，《新闻大学》2021 年第 6 期。
［8］邓绍根：《中国共产党报纸批评观念的形成及其方针的确立》，《出版发行研究》2021 年第 10 期。
［9］乔云霞：《论中共主要领导人舆论监督思想的发展》，《新闻学论集第 26 辑》2011 年 6 月。
［10］樊亚平、刘静：《舆论宣传·舆论导向·舆论引导——新时期中共新闻舆论思想的历史演进》，《兰州大学学报（社会科学版）》2011 年第 7 期。
［11］张志安、晏齐宏：《当代中共领导人舆论观及其变迁逻辑》，《当代传播》2018 年第 2 期。
［12］沈正赋：《舆论宣传·舆论监督·舆论引导：中国共产党舆论思想发展进路研究》，《新闻与传播评论》2019 年第 2 期。
［13］王灿发、邢祥：《马克思、恩格斯舆论思想内涵研究》，《新闻与传播研究》2017 年第 8 期。
［14］李庆林、穆亭钰：《"舆论纸币"对理解"报刊的内在规律"的价值与意义》，《现代传播（中国传媒大学学报）》2021 年第 1 期。
［15］丁骋、吴廷俊：《舆论"一律"与"不一律"的历史路径及走向探析》，《国际新闻界》2011 年第 3 期。
［16］申雪寒：《列宁报刊思想论析》，《思想教育研究》2022 年第 4 期。
［17］孙晓辉：《习近平关于网络宣传思想工作重要论述的逻辑体系、理论贡献与实践路径》，《理论导刊》2021 年第 7 期。

图书在版编目(CIP)数据

马克思主义新闻观核心概念.舆论篇/胡栓著.—上海:复旦大学出版社,2022.11(2023.4 重印)
(马克思主义新闻观核心概念丛书/童兵,马凌主编)
ISBN 978-7-309-16608-8

Ⅰ.①马… Ⅱ.①胡… Ⅲ.①马克思主义-新闻学-研究 Ⅳ.①A811.67

中国版本图书馆 CIP 数据核字(2022)第 210512 号

马克思主义新闻观核心概念(舆论篇)
MAKESI ZHUYI XINWENGUAN HEXIN GAINIAN (YULUN PIAN)
胡　栓　著
责任编辑/朱安奇

复旦大学出版社有限公司出版发行
上海市国权路 579 号　邮编:200433
网址:fupnet@fudanpress.com　http://www.fudanpress.com
门市零售:86-21-65102580　　团体订购:86-21-65104505
出版部电话:86-21-65642845
上海新艺印刷有限公司

开本 787×960　1/16　印张 10.75　字数 120 千
2022 年 11 月第 1 版
2023 年 4 月第 1 版第 2 次印刷

ISBN 978-7-309-16608-8/A·54
定价:38.00 元

如有印装质量问题,请向复旦大学出版社有限公司出版部调换。
版权所有　　侵权必究